KAWADE
夢文庫

スーパー
名馬伝説

奈落一騎

河出書房新社

カバー写真◉日刊スポーツ／アフロ
協力◉バーネット
◉梅田庸介

いまも語り継がれる平成の名馬たちの物語◉はじめに

日本で初めて競馬が行なわれたのは、幕末の１８６０（万延《まんえん》元）年のこととされています。それから約１６０年間にわたって日本の競馬は多くの人々に愛され、今日まで続いてきました。

そのような日本の競馬の長い歴史のなかでも、平成の31年間は大きな転換点となった時代です。なかでも一番大きな変化は、平成の幕開けとともに競馬ブームが起こったことで若いファンが増え、競馬に対する認識がギャンブルからスポーツへと変わったことでしょう。その他、積極的な海外レースへの挑戦と勝利、中央競馬と地方競馬の交流、牝馬《ひんば》の活躍等々……。平成競馬のトピックを数え上げればきりがなく、その流れは令和の競馬にも引き継がれています。

そして、そんな激動の平成競馬では数多くのスターホースが生まれ、ファンたちの心を熱くしました。本書によって、それら平成の名馬たちの物語を知っていただき、いまよりさらに競馬を好きになっていただければ幸いです。

奈落一騎《ならくいっき》

スーパー名馬伝説／もくじ

1章 レースを支配した最強馬たち

2章 「牝馬の時代」を彩ったヒロインたち

3章 新たな地平を切り拓いた先駆者たち

4章 ファンの心に刻まれた個性派たち

＊文中のレース名は施行当時のものに準じています。また、馬齢表記は現行のルール（満年齢）で統一しています。

1章 レースを支配した最強馬たち

平成最初の三冠馬となり「怪物」と恐れられた
ナリタブライアン、「日本近代競馬の結晶」と
称《たた》えられたディープインパクト、凱旋門賞2年連続
2着で世界に衝撃を与えたオルフェーヴル……。
堂々たる強さですべてをねじ伏せた
時代を超えて語り継がれる駿馬の蹄跡《ていせき》。

芦毛伝説第三章

メジロマックイーン

活躍年：90（平成2）～93（平成5）
性別・毛色：牡、芦毛
血統：父・メジロティターン、母・メジロオーロラ、母父・リマンド

競走馬の名門生産牧場だったメジロ牧場は、馬主も兼ねているオーナーブリーダーだった。牧場創業者の北野豊吉《きたのとよきち》は1970年に**メジロアサマ**で伝統ある長距離レースの天皇賞を制覇し、同馬は種牡馬《しゅぼば》となる。

だが、メジロアサマはいくら種付けしても、なかなか牝馬《ひんば》が妊娠しなかった。それでも、豊吉はメジロアサマの仔《こ》で天皇賞を勝つことに執念を燃やして種付けを続け、その数少ない産駒《さんく》から**メジロティターン**という天皇賞馬が誕生する。

さらに、豊吉はメジロティターンの仔から天皇賞馬を出し、父子3代にわたる天皇賞制覇を夢見た。1984年に豊吉が亡くなった際、その遺言も、「ティターンの仔で天皇賞を勝て」というものだった。こうして誕生したのが**メジロマックイーン**だ。

体質の弱かったメジロマックイーンのデビューは遅れ、初戦は3歳の2月と

なる。そのデビュー戦は快勝したものの体質は良化せず、春のクラシックは見送ることとなった。9月に復帰したメジロマックイーンは、2着、1着、1着、2着と好走したのち、重賞初出走ながら菊花賞を制覇し、GI馬となった。

◆トウカイテイオーとの「世紀の対決」に勝利を収める

菊花賞に勝利した後、メジロマックイーンは休養に入った。そして、明けて4歳となった1991年、悲願の天皇賞制覇に乗り出す。休養明け初戦の阪神大賞典に勝つと、いよいよ天皇賞（春）へと向かう。

この天皇賞で単勝1・7倍の圧倒的な1番人気に支持されたメジロマックイーンは、先行すると直線で抜け出し、2着に2馬身半差をつけて勝利した。これにより、父子3代天皇賞制覇という豊吉の悲願は果たされ、レース後、メジロマックイーンの騎乗を務めた武豊《たけゆたか》は馬上で豊吉の遺影を掲《かか》げた。

ちなみに、天皇賞当日、レース前のパドックにはファンの掲げた「芦毛《あしげ》伝説第三章」という横断幕が飾られていた。これは、祖父メジロアサマ、父メジロティターンから続く芦毛の3代目という意味と、昭和後半から続いた**タマモク**

ロス、**オグリキャップ**という芦毛スターホースの系譜《けいふ》を受け継ぐものという二重の意味が込められたものとされている。そんな秀逸《しゅういつ》さから、やがて「芦毛伝説第三章」はメジロマックイーンを象徴するキャッチフレーズとなっていく。

翌年もメジロマックイーンは天皇賞（春）に出走。この年の天皇賞は、前年のクラシック二冠馬でデビュー以来7連勝を続けていた1歳年下の**トウカイテイオー**との対決が注目を集め、「世紀の対決」と呼ばれた。レース当日、1番人気はトウカイテイオーに譲ったものの、メジロマックイーンは先輩馬の意地と長距離適性の違いを見せつけて勝利。史上初の天皇賞（春）連覇を達成した。

メジロマックイーンは、さらに１９９３年に前人未到の三連覇を目指して3度目の天皇賞（春）に出走するが、このときは**ライスシャワー**の2着となり、偉業は達成できなかった。しかし、同年、宝塚記念で勝利を収め、ＧＩ競走の連続年度勝利記録となる4年連続ＧＩ制覇を達成した。

長距離ＧＩである菊花賞制覇と天皇賞（春）の連覇という実績から、メジロマックイーンは一般的に「史上最強のステイヤー（長距離馬）」と評されている。だが、２０００メートルの中距離レースである産経大阪杯ではレコードタイム

メジロマックイーン　トータル成績 21戦12勝(12-6-1-2)※

日付	開催	レース	芝/ダ	距離	人気・着順	騎手
90/2/3	阪神	サラ系4才新馬	ダ	1700	2人1着	村本
90/2/25	阪神	ゆきやなぎ賞500万下	芝	2000	1人2着	村本
90/5/12	京都	あやめ賞500万下	芝	2200	1人3着	村本
90/9/2	函館	渡島特別500万下	ダ	1700	1人2着	内田
90/9/16	函館	木古内特別500万下	ダ	1700	1人1着	内田
90/9/23	函館	大沼S900万下	芝	2000	1人1着	内田
90/10/13	京都	嵐山S1500万下	芝	3000	1人2着	内田
90/11/4	京都	GⅠ菊花賞	芝	3000	4人1着	内田
91/3/10	中京	GⅡ阪神大賞典	芝	3000	1人1着	武豊
91/4/28	京都	GⅠ天皇賞(春)	芝	3200	1人1着	武豊
91/6/9	京都	GⅠ宝塚記念	芝	2200	1人2着	武豊
91/10/6	京都	GⅡ京都大賞典	芝	2400	1人1着	武豊
91/10/27	東京	GⅠ天皇賞(秋)	芝	2000	1人18着	武豊
91/11/24	東京	GⅠジャパンC	芝	2400	1人4着	武豊
91/12/22	中山	GⅠ有馬記念	芝	2500	1人2着	武豊
92/3/15	阪神	GⅡ阪神大賞典	芝	3000	1人1着	武豊
92/4/26	京都	GⅠ天皇賞(春)	芝	3200	2人1着	武豊
93/4/4	阪神	GⅡ産経大阪杯	芝	2000	1人1着	武豊
93/4/25	京都	GⅠ天皇賞(春)	芝	3200	1人2着	武豊
93/6/13	阪神	GⅠ宝塚記念	芝	2200	1人1着	武豊
93/10/10	京都	GⅡ京都大賞典	芝	2400	1人1着	武豊

で圧勝。また、同じく2000メートルの天皇賞（秋）では、進路を妨害したことで18着に降着したものの、レース自体は**プレクラスニー**に6馬身差という圧倒的な着差で1位に入線している。

このことから、たんなるスタミナ自慢ではなく、卓越《たくえつ》したスピードももっていたことは確かだ。実際、武豊も「短距離レースでも勝負になったはず」といった証言を残している。そういう意味で、長期にわたって安定していた生涯成績も併《あわ》せ、メジロマックイーンの名を史上最強馬に挙げる人も多い。

※各馬の「トータル成績」のタイトル末尾にあるカッコ内の数字は、
左から「1着、2着、3着、4着以下の回数」を表しています。

超スパルタ調教で限界を超えた
ミホノブルボン

活躍年：91（平成3）～92（平成4）
性別・毛色：牡、栗毛
血統：父・マグニテュード、母・カツミエコー、母父・シャレー

ミホノブルボンは、お世辞にも良血馬とはいえない馬だった。マイナー種牡馬の仔だった母は、地方競馬で1勝を挙げたのみ。牧場はその母に本来は別の馬を種付けしたかったのだが、種付け料が高額だったため断念し、安価な**マグニテュード**が選ばれた。こうして誕生したのが、ミホノブルボンなのである。そのような馬であったため、750万円と当時としてもかなり安い金額で馬主に売られている。

だが、デビューのために戸山為夫《とやまためお》厩舎《きゆうしや》に預けられたことで、ミホノブルボンの運命は大きく変わる。戸山厩舎は常識外れのハードトレーニングを行なう厩舎として有名で、とくにそのころ栗東《りつとう》トレーニングセンターに設置されたばかりの「坂路《はんろ》」と呼ばれる傾斜のある走路での調教を多用することで知られていた。いっぽうで、あまりに過酷《かこく》なトレーニングのせいで「馬を壊す」と陰口《かげぐち》を

叩《たた》かれることもあった。

ミホノブルボンは、この戸山厩舎の超スパルタ調教に耐えながらメキメキと力をつけていく。その過酷さは、他の厩舎が多くても登坂《とはん》3回のところ、4回も5回も消化するというものだった。それに耐えられたのは、ミホノブルボンが生来《せいらい》頑丈だったことに加え、食欲がケタ違いだったためともいわれている。

1991年9月の新馬戦を2歳コースレコードで勝利したミホノブルボンは、次戦も快勝。同年12月にはGI朝日杯3歳ステークスに出走し、見事これにも勝利を収める。この朝日杯でミホノブルボンが前へ前へと行きたがったため、これ以降陣営はミホノブルボンの圧倒的なスピードを活《い》かし、逃げ切るという戦法を選択することとなった。

年が明けて1992年3月、ミホノブルボンは1800メートルのスプリングステークスに出走した。このときミホノブルボンは出走馬中唯一《ゆいいつ》のGI馬でありながら、2番人気に甘んじてしまう。ミホノブルボンは血統的には1200メートルまでしかスタミナがもたない完全な短距離馬と見られており、ファンの多くは距離の限界を心配したのだ。

だが、戸山調教師は「スタミナはトレーニングによって身につく」という信念をもっており、ミホノブルボンはそれを証明するかのように、このレースでも逃げを打ち、7馬身差で圧勝する。

こうして自身の血の限界に挑《いど》み、それに勝つことで距離への不安を払拭《ふっしょく》したミホノブルボンは、2000メートルの皐月賞と2400メートルのダービーをともに1番人気で逃げ切り、無敗の二冠馬となった。このころからミホノブルボンは、坂路で鍛え上げられた筋骨隆々《きんこつりゅうりゅう》とした肉体と、機械のように正確なペースで逃げる走法から、「サイボーグ」という異名《いみょう》で呼ばれるようになる。

◆己《おのれ》の血の限界を超える最大の挑戦

二冠馬となったことで、当然ながら次の目標はクラシック三冠最終レースである菊花賞となった。だが、菊花賞は3000メートルという、これまでとは比較にならない長距離レースだ。これこそ、血の限界への最大の挑戦だった。

それでも、戸山調教師はミホノブルボンの力を信じ、いつもと同様に逃げるよう騎手の小島貞博《こじまさだひろ》に指示を出した。ところが、レースが始まると11番人気の

ミホノブルボン　トータル成績 8戦7勝(7-1-0-0)

日付	開催	レース	芝/ダ	距離	人気・着順	騎手
91/9/7	中京	サラ系3才新馬	芝	1000	1人1着	小島
91/11/23	東京	サラ系3才500万下	芝	1600	1人1着	小島
91/12/8	中山	GⅠ朝日杯3歳S	芝	1600	1人1着	小島
92/3/29	中山	GⅡスプリングS	芝	1800	2人1着	小島
92/4/19	中山	GⅠ皐月賞	芝	2000	1人1着	小島
92/5/31	東京	GⅠ日本ダービー	芝	2400	1人1着	小島
92/10/18	京都	GⅡ京都新聞杯	芝	2200	1人1着	小島
92/11/8	京都	GⅠ菊花賞	芝	3000	1人2着	小島

キョウエイボーガンが暴走気味に逃げたため、小島はミホノブルボンを抑え、２番手に控えてしまう。乱ペースに巻き込まれるのを嫌がったのだ。

だが、それはこれまでの必勝パターンを捨てることだった。そして、結果的には直線で**ライスシャワー**の強襲にあい、２着に敗れてしまう。

普段どおりに逃げていたら、ミホノブルボンが勝てたかどうかはわからない。レース後、戸山調教師は騎手を責めなかった。しかし、ミホノブルボンの力を信じて逃げなかったことを生涯悔《く》やんでいたという。

その後、ミホノブルボンは怪《け》我《が》のため、菊花賞を最後に引退。翌年、戸山調教師も癌《がん》により死去した。これにより、「競走馬の強さは血統で先天的に決まっているのか、それとも訓練で後天的に身につくのか」という、ひとつの壮大な実験は未完のまま終わった。

「新・平成三強」の筆頭

ビワハヤヒデ

活躍年：92（平成4）～94（平成6）
性別・毛色：牡、芦毛
血統：父・シャルード、母・パシフィカス、母父・Northern Dancer

1992年9月の新馬戦でデビューした**ビワハヤヒデ**は、2着馬に10馬身差以上つける大差で圧勝。2戦目、3戦目もレコードタイムで連勝したことで、俄然《がぜん》注目を集めるようになった。

同年12月に、世代最初のGIである朝日杯3歳ステークスに出走。毛色が同じ芦毛だったことから、「**オグリキャップ**、**メジロマックイーン**の再来」と騒がれるようになっていたビワハヤヒデは1番人気に支持される。だが、直線で並んで抜け出した**エルウェーウィン**にハナ差で競《せ》り負け、2着に敗れた。

それでも競馬ファンのビワハヤヒデへの期待は下がらず、翌1993年、クラシック初戦の皐月賞では2番人気となる。1番人気に支持されたのは、前哨《ぜんしょう》戦の弥生賞を制していた**ウイニングチケット**だった。この年の皐月賞はビワハヤヒデとウイニングチケットの二強対決と見られていた。

ところが、皐月賞に勝ったのは3番人気の**ナリタタイシン**で、ビワハヤヒデは2着に終わった。ここから、ビワハヤヒデ、ナリタタイシン、ウイニングチケットの3頭はライバルと見なされ、それぞれの頭文字を取った「BNW」と称されるようになる。また、この3頭を「新・平成三強」と呼ぶ者もいた。

ダービーでは、皐月賞4着のウイニングチケットが前走に続き1番人気。次いでビワハヤヒデ、ナリタタイシンの人気順となったが、オッズは拮抗《きっこう》し、完全に「三強対決」の様相《ようそう》となっていた。そして、ここではウイニングチケットが人気に応《こた》えて勝利を収め、ビワハヤヒデはまたも2着に甘んじてしまう。大負けはしないが勝ち切れないというのが、この時期のビワハヤヒデだった。

三強と言われながらも、ここまで、まだGⅠ勝ちのないのはビワハヤヒデだけである。三冠最終戦の菊花賞を勝つことは、陣営にとって絶対の課題となった。そこで、夏のあいだ他の馬が休養に入るなか、ビワハヤヒデはトレーニングセンターに残り、**ミホノブルボン**ばりのハードトレーニングを積んだ。

その努力が実り、ビワハヤヒデは5馬身差の大勝で菊花賞を制覇する。ウイニングチケットは3着。ナリタタイシンは体調不良もあり、17着に沈んだ。これでようやくビワハヤヒデは胸を張って、三強の一角を名乗れるようになった。続けて年末の有馬記念に出走。初めて古馬と対戦したビワハヤヒデは、ここでも2着をキープし、この年を締めくくる。

◆「B一強」の時代と幻に終わった兄弟対決

明けて1994年、ビワハヤヒデの快進撃が始まった。年明け初戦の京都記念を勝ったあと、天皇賞（春）、宝塚記念とGIを連勝したのである。才能が完全に開花したのだ。いっぽう、ビワハヤヒデとともに「BNW」と並び称されたライバルたちは成績不振や体調不良に悩まされ、3歳時の光はなかった。

もはや、「BNW」でも「新・平成三強」でもなく、「B一強」の時代となっていた。その結果、当時の競馬ファンたちの関心は、ビワハヤヒデの一歳年下の半弟（異父弟）で、その年のクラシック戦線で無敵の強さを誇っていた**ナリタブライアン**との暮れの有馬記念における兄弟対決に早くも移っていた。

夏を無事に過ごしたビワハヤヒデは、10月に天皇賞（秋）に出走。このレースの次には、ファンが待ち望む有馬記念での兄弟対決が実現するはずだった。

ビワハヤヒデ　トータル成績 16戦10勝（10-5-0-1）

日付	開催	レース	芝/ダ	距離	人気・着順	騎手
92/9/13	阪神	サラ系3才新馬	芝	1600	2人1着	岸
92/10/10	京都	もみじS（オープン）	芝	1600	1人1着	岸
92/11/7	京都	GⅡデイリー杯3歳S	芝	1400	1人1着	岸
92/12/13	中山	GⅠ朝日杯3歳S	芝	1600	1人2着	岸
93/2/14	東京	GⅢ共同通信杯4歳S	芝	1800	1人2着	岸
93/3/20	中山	若葉S（オープン）	芝	2000	1人1着	岡部
93/4/18	中山	GⅠ皐月賞	芝	2000	2人2着	岡部
93/5/30	東京	GⅠ日本ダービー	芝	2400	2人2着	岡部
93/9/26	阪神	GⅡ神戸新聞杯	芝	2000	1人1着	岡部
93/11/7	京都	GⅠ菊花賞	芝	3000	1人1着	岡部
93/12/26	中山	GⅠ有馬記念	芝	2500	1人2着	岡部
94/2/13	阪神	GⅡ京都記念	芝	2200	1人1着	岡部
94/4/24	阪神	GⅠ天皇賞（春）	芝	3200	1人1着	岡部
94/6/12	阪神	GⅠ宝塚記念	芝	2200	1人1着	岡部
94/9/18	中山	GⅢオールカマー	芝	2200	1人1着	岡部
94/10/30	東京	GⅠ天皇賞（秋）	芝	2000	1人5着	岡部

だが、ビワハヤヒデはレース中に故障を発生し、生涯初となる連《れん》対《たい》（2着以内）を外して、5着に敗れてしまう。そして、引退。これにより、兄弟対決は幻に終わり、どちらが強かったのかは永遠に謎のままとなった。

ただ、ビワハヤヒデのデビュー以来15戦連続連対というのは、1960年代の伝説的な名馬**シンザン**に次ぐ中央競馬史上第2位の記録だ。大崩れしないというのも名馬の条件のひとつなので、ビワハヤヒデが平成を代表する最強馬の1頭だったことは間違いない。

平成最初の三冠馬「シャドーロールの怪物」

ナリタブライアン

活躍年：93（平成5）～96（平成8）
性別・毛色：牡、黒鹿毛
血統：父・ブライアンズタイム、母・パシフィカス、母父・Northern Dancer

ナリタブライアンは、クラシック戦線で活躍していた**ビワハヤヒデ**の半弟（異父弟）ということで、デビュー前から注目を集めていた。だが、初戦となった1993年8月の新馬戦は2着に終わり、次戦で勝利は収めたものの、以後、6着、1着、3着と成績は安定しなかった。

ナリタブライアンの秘めた高い資質は衆目《しゅうもく》の一致するところだったが、精神面に不安定なところがあり、その才能を発揮できなかったのだ。そこで、陣営は馬の目と鼻のあいだに付け、視界を遮《さえぎ》ることで集中力を高める「シャドーロール」という馬具《ばぐ》をナリタブライアンに装着することを決める。

その狙いは見事に当たり、シャドーロールを装着して初めて出走した京都3歳ステークスを優秀なタイムで快勝。続けて出走したGⅠ朝日杯3歳ステークスも制覇した。これ以降、シャドーロールはナリタブライアンを象徴するシンボルとなっていく。

ポテンシャルを完全に発揮できるようになったナリタブライアンは、3歳となった翌1994年のクラシック戦線で無敵の快進撃を見せた。皐月賞、ダービー、菊花賞をすべて1番人気で勝ち、平成最初の三冠馬となったのである。しかも、2着につけた差は、皐月賞で3馬身半、ダービーで5馬身、菊花賞で7馬身と開くいっぽうであり、完膚《かんぷ》なきまでに相手を叩きのめすものだった。

圧倒的な強さとシンボルとなった馬具から、いつしかナリタブライアンは「シャドーロールの怪物」と呼ばれるようになっていた。そして、同年暮れの有馬記念も古馬を相手に3馬身差で完勝し、その強さを知らしめた。

年明け初戦に出走した阪神大賞典でも、独走状態で2着に7馬身差をつけて圧勝。しかし、レース後に右股関節に炎症が見つかり、休養入りを余儀《よぎ》なくされる。ここから、ナリタブライアンの運命は暗転し、苦闘の道が始まった。

◆賛否を巻き起こした三冠馬によるスプリント戦

秋にナリタブライアンは復帰したものの、前年の圧倒的な強さが嘘のように、

GⅠ戦線で12着、6着、4着と惨敗《ざんぱい》をくり返すようになっていた。それでも翌1996年も現役を続行。初戦には前年同様、阪神大賞典が選ばれた。

この阪神大賞典でナリタブライアンは、1歳年下の菊花賞馬**マヤノトップガン**を壮絶なマッチレースの末に破り、1年ぶりの勝利を挙げた。このレースは日本競馬史上の名勝負のひとつに挙げられるものとなった。ただ、ナリタブライアンが本調子だったらマヤノトップガンは相手にならなかっただろうという意見もあり、けっして名勝負ではないという人もいる。

実際、次走の天皇賞（春）でナリタブライアンは**サクラローレル**の2着に敗れ、やはり往年《おうねん》の怪物ぶりを見せることはなかった。そんななか、陣営はナリタブライアンの次走に1200メートルのGⅠ高松宮杯《たかまつのみや》への出走を決定。その選択は話題になると同時に強く疑問視もされ、賛否を巻き起こした。

距離適性を重視したレース選定が基本である近代競馬において、中長距離実績馬が短距離戦に出走するのは、きわめて異例のことだった。とくに三冠馬がスプリント（1300メートル以下）戦に出走するなどというのは前例がない。そのため、ナリタブライアンの高松宮杯出走は、三冠の格を汚《けが》す、時代錯誤《さくご》、

ナリタブライアン　トータル成績 21戦12勝(12-3-1-5)

日付	開催	レース	芝/ダ	距離	人気・着順	騎手
93/8/15	函館	サラ系3才新馬	芝	1200	2人2着	南井
93/8/29	函館	サラ系3才新馬	芝	1200	1人1着	南井
93/9/26	函館	GIII函館3歳S	芝	1200	2人6着	南井
93/10/24	福島	きんもくせい特別500万下	芝	1700	1人1着	清水
93/11/6	京都	GIIデイリー杯3歳S	芝	1400	2人3着	南井
93/11/21	京都	京都3歳S(オープン)	芝	1800	1人1着	南井
93/12/12	中山	GI朝日杯3歳S	芝	1600	1人1着	南井
94/2/14	東京	GIII共同通信杯4歳S	芝	1800	1人1着	南井
94/3/27	中山	GIIスプリングS	芝	1800	1人1着	南井
94/4/17	中山	GI皐月賞	芝	2000	1人1着	南井
94/5/29	東京	GI日本ダービー	芝	2400	1人1着	南井
94/10/16	阪神	GII京都新聞杯	芝	2200	1人2着	南井
94/11/6	京都	GI菊花賞	芝	3000	1人1着	南井
94/12/25	中山	GI有馬記念	芝	2500	1人1着	南井
95/3/12	京都	GII阪神大賞典	芝	3000	1人1着	南井
95/10/29	東京	GI天皇賞(秋)	芝	2000	1人12着	的場
95/11/26	東京	GIジャパンC	芝	2400	1人6着	武豊
95/12/24	中山	GI有馬記念	芝	2500	2人4着	武豊
96/3/9	阪神	GII阪神大賞典	芝	3000	2人1着	武豊
96/4/21	京都	GI天皇賞(春)	芝	3200	1人2着	南井
96/5/19	中京	GI高松宮杯	芝	1200	2人4着	武豊

人間のエゴなどとも批判された。

結果的に、ナリタブライアンは4着となった。これを、無謀な挑戦の末の惨敗と取るか、適性外でも見せた地力《じりき》の高さと取るかは、人によって違うだろう。ただ、レース後にナリタブライアンは故障を発症し、引退することとなった。それゆえ、高松宮杯出走には現在は否定的評価のほうが大きい。

だが、もし勝っていれば、近代競馬の常識を覆《くつがえ》す伝説となったことも間違いない。そして、全盛期のナリタブライアンの怪物的強さを否定する者はいまもいない。

マイルの絶対王者

タイキシャトル

活躍年：97（平成9）〜98（平成10）
性別・毛色：牡、栗毛
血統：父・Devil's Bag、母・ウェルシュマフィン、
母父・Caerleon

タイキシャトルは、マイル（1600メートル）以下の距離のレースで絶対的な強さを見せた名馬である。とくにマイル戦では7戦7勝と無敗。

昭和の時代にも**ニホンピロウイナー**や**ニッポーテイオー**など名マイラーと呼ばれた馬はいたが、それらの馬とは違い、タイキシャトルは生涯一度もマイルを越える距離は走らなかった。さらに、同馬は距離がマイル以下なら、コースが芝だろうとダートだろうと、馬場状態が良かろうと悪かろうと、舞台が日本だろうと外国だろうと、まったく問題にしなかった。そういう意味で、まさにこの馬こそが史上最高のマイラーの名にふさわしいと考える人は多い。

体質の弱さや怪我の影響からデビューの遅れたタイキシャトルは、3歳になっていた1997年4月にダート1600メートルの未勝利戦に初出走。ここを圧勝すると、次走のダート1200メートル戦も楽に勝ち上がった。さらに、

3戦目で初の芝1600メートル戦に出走して快勝。4戦目は負担重量の軽い牝馬に逃げられ、捕まえ切れずに2着となるが、次に出走したダート1600メートルの重賞ユニコーンステークスに勝ち、重賞初制覇を果たした。

ここから秋のマイルGIのマイルチャンピオンシップに目標を定めたタイキシャトルは、古馬との初対戦となった1400メートル戦のスワンステークスも楽に勝ち上がった。そして、迎えた本番のマイルチャンピオンシップ。この年の同レースには、皐月賞馬**ジェニュイン**や桜花賞馬**キョウエイマーチ**、まだ才能が開花する前だったが**サイレンススズカ**など強豪が揃《そろ》っていた。

しかし、タイキシャトルは2馬身半差で、ここを完勝。この時点で、管理する藤沢和雄《ふじさわかずお》調教師は海外遠征を視野に入れたという。12月には、勢いのまま1200メートルGIであるスプリンターズステークスにも勝利を収め、タイキシャトルは秋の短距離GIふたつを同一年に制覇した初の競走馬となった。

◆フランスのマイルGIを1番人気で制覇

翌1998年、4歳となったタイキシャトルは京王杯スプリングカップをレコードタイムで勝つと、マイルＧＩの安田記念に出走。この年の安田記念は大雨により泥田《どろた》のような馬場となっていたが、タイキシャトルはそれを少しも苦にせず、快勝した。いよいよ、次は海外遠征である。

タイキシャトルが目標としたのは、フランスのマイルＧＩの最高峰ジャック・ル・マロワ賞だった。タイキシャトルは一度も海外で走ったことがなかったが、１週間前に日本の**シーキングザパール**がフランスＧＩを勝っていたこともあり、本番当日、タイキシャトルは１番人気に支持される。そして、その人気に応え、日本で走っているときと同様に簡単に勝ってしまった。２週続けての日本の馬の勝利は、ヨーロッパの競馬関係者に大きな衝撃を与えた。

帰国後のタイキシャトルはマイルチャンピオンシップに出走し、楽な手応えのまま５馬身差の圧勝を見せて同レースの連覇を果たした。陣営は、本当はこのレースでタイキシャトルを引退させるつもりだったという。だが、ＪＲＡ（日本中央競馬会）から要望されたこともあり、続けて年末のスプリンターズステークスにも出走。しかし、このレースは生涯初の３着に終わった。タイキシャトル自身、実質的な引退レースが前走だったことを知っていたのかもしれない。

タイキシャトル　トータル成績 13戦11勝(11-1-1-0)

日付	開催	レース	芝/ダ	距離	人気・着順	騎手
97/4/19	東京	サラ系4才未勝利	ダ	1600	1人1着	岡部
97/5/3	京都	サラ系4才500万下	ダ	1200	1人1着	岡部
97/6/8	東京	菖蒲S(オープン)	芝	1600	2人1着	岡部
97/7/6	阪神	菩提樹S(オープン)	芝	1400	1人2着	岡部
97/10/4	東京	GⅢユニコーンS	ダ	1600	3人1着	岡部
97/10/25	京都	GⅡスワンS	芝	1400	2人1着	横山
97/11/16	京都	GⅠマイルCS	芝	1600	2人1着	横山
97/12/14	中山	GⅠスプリンターズS	芝	1200	1人1着	岡部
98/5/16	東京	GⅡ京王杯スプリングC	芝	1400	1人1着	岡部
98/6/14	東京	GⅠ安田記念	芝	1600	1人1着	岡部
98/8/16	仏・ドーヴィル	GⅠジャック・ル・マロワ賞	芝	1600	1人1着	岡部
98/11/22	京都	GⅠマイルCS	芝	1600	1人1着	岡部
98/12/20	中山	GⅠスプリンターズS	芝	1200	1人3着	岡部

ところで、もしタイキシャトルがマイルより長いレースに出ていたら、はたして勝てたのかというのは、ファンのあいだでよく議論になるものだ。藤沢調教師は「2000メートルまでなら超一流だったはず」と語っている。

それを聞くと、タイキシャトルの中距離戦も見てみたかった気はする。だが、昭和の名マイラーたちのようにマイルを越える距離を走ることなく、頑《かたく》なにマイル以下にこだわったことで、タイキシャトルの「マイルの絶対王者」という印象がより強まったのも確かだ。

理論上、絶対に追いつけない逃げ馬

サイレンススズカ

活躍年：97（平成9）～98（平成10）
性別・毛色：牡、栗毛
血統：父・サンデーサイレンス、母・ワキア、母父・Miswaki

理屈の上だけでいえば、スタートから先頭に立って後続に大差をつけ、そのまま最後までスピードが落ちなければ、その馬は負けることはない。だが、実際のレースでは前半をハイペースで飛ばした馬は普通、最後の直線でスピードが落ち、後ろから来た馬に追い抜かれてしまうものだ。

しかし、**サイレンススズカ**は前半をハイペースで飛ばしながらも、最後までスピードの落ちない馬だった。つまり、理論上は絶対に追いつけないということになる。もっとも、その力を身につけるまでにはそれなりの時間がかかった。

1997年2月に3歳でデビューしたサイレンススズカは、2着に7馬身差をつけて圧勝。その溢《あふ》れるスピード感は新馬戦を1勝しただけの時点で、「この年のダービー馬が現れた」と評されるほどのものだった。ところが、次戦の弥生賞でサイレンススズカはスタート前にゲートを潜《くぐ》ってしまうという失態を見せたあげく、大きく出遅れ、8着に沈んでしまう。

その後、条件戦とオープン特別を2連勝したものの、ダービー、天皇賞(秋)、マイルチャンピオンシップと、サイレンススズカは肝心な大レースになると惨敗をくり返した。まだこのころは精神的にも肉体的にも未熟で、自身のスピードに振り回されているような状態だったのである。

転機になったのは12月の香港国際カップへの出走だ。レース自体は5着に終わったが、このとき初めて騎乗した武豊は陣営に、「この馬には抑えない競馬が向いている」と進言。そのうえで、以後も騎乗することを熱望した。そして、翌年からこのコンビによる、競馬の常識を覆す快進撃が始まった。

◆歴史的名勝負となった毎日王冠で見せた、恐ろしいほどの強さ

1998年の年明け初戦で、サイレンススズカは前半1000メートルを57秒8というハイペースで飛ばしながら、ゴール前は手綱《たづな》を抑える余裕を見せ、4馬身差で快勝。以後、サイレンススズカは前半1000メートルを57〜58秒台というハイペースで逃げて後続を突き放しながら、最後までスピードが衰《おとろ》え

ないという常識外れのレースぶりで6連勝を果たした。ついに、サイレンススズカは己の才能をコントロールする術《すべ》を身につけたのだ。その競馬は「逃げて差す」と言われた。こうなっては、ほかの馬はどうやっても勝てない。

6連勝のなかには、11馬身の大差をつけて逃げ切った5月の金鯱《きんこ》賞や南《みな》井《い》克《かつ》巳《み》が代理騎乗した7月の宝塚記念のＧⅠ勝ちもある。だが、特筆すべきレースは10月の毎日王冠だろう。このレースには、サイレンススズカの1歳年下で、それまでともに無敗だったＮＨＫマイルカップ優勝馬の**エルコンドルパサー**と朝日杯3歳ステークス優勝馬の**グラスワンダー**の2頭も出走。毎日王冠はＧⅡだが、この年は実質的にはＧⅠだった。

その毎日王冠でサイレンススズカは、いつものように前半を57秒7というハイペースで飛ばしながら、逃げ脚は直線に入ってもまったく衰えることなく、完勝する。のちに複数のＧⅠを勝ち、歴史的名馬となるエルコンドルパサーもグラスワンダーも歯が立たない、恐ろしいほどの強さだった。

サイレンススズカが、どうして競馬の常識を打ち破るようなレースができたのかはよくわからない。それはまさに才能というほかないものだった。その才

サイレンススズカ　トータル成績 16戦9勝(9-1-0-6)

日付	開催	レース	芝/ダ	距離	人気・着順	騎手
97/2/1	京都	サラ系4才新馬	芝	1600	1人1着	上村
97/3/2	中山	GⅡ弥生賞	芝	2000	2人8着	上村
97/4/5	阪神	サラ系4才500万下	芝	2000	1人1着	上村
97/5/10	東京	プリンシパルS(オープン)	芝	2200	2人1着	上村
97/6/1	東京	GⅠ日本ダービー	芝	2400	4人9着	上村
97/9/14	阪神	GⅡ神戸新聞杯	芝	2000	1人2着	上村
97/10/26	東京	GⅠ天皇賞(秋)	芝	2000	4人6着	河内
97/11/16	京都	GⅠマイルCS	芝	1600	6人15着	河内
97/12/14	香港・沙田	GⅡ香港国際C	芝	1800	8人5着	武豊
98/2/14	東京	バレンタインS(オープン)	芝	1800	1人1着	武豊
98/3/15	中山	GⅡ中山記念	芝	1800	1人1着	武豊
98/4/18	中京	GⅢ小倉大賞典	芝	1800	1人1着	武豊
98/5/30	中京	GⅡ金鯱賞	芝	2000	1人1着	武豊
98/7/12	阪神	GⅠ宝塚記念	芝	2200	1人1着	南井
98/10/11	東京	GⅡ毎日王冠	芝	1800	1人1着	武豊
98/11/1	東京	GⅠ天皇賞(秋)	芝	2000	1人競走中止	武豊

能の開花を目《ま》の当たりにした関係者やファンは、この馬がどこまで強くなるのかと夢を膨《ふく》らませた。

だが、毎日王冠の次走の天皇賞(秋)のレース中、サイレンススズカは4コーナー手前で左前脚の手根《しゅこん》骨粉砕骨折を発症し、競走中止。安楽死処分となってしまう。

パンチの強いボクサーほど拳《こぶし》を痛めやすいというが、サイレンススズカもあり余るスピードに肉体が耐えられなかったのかもしれない。

……こうして、サイレンススズカが見せてくれた夢は、わずか1年足らずで唐突《とうとつ》に幕が下りた。

古馬GI完全制覇を果たした世紀末覇王

テイエムオペラオー

活躍年：98（平成10）～01（平成13）
性別・毛色：牡、栗毛
血統：父・オペラハウス、母・ワンスウエド、母父・Blushing Groom

2017年に大阪杯がGIに昇格するまで、長いあいだ日本の競馬における古馬中長距離路線のGIは、天皇賞（春）、宝塚記念、天皇賞（秋）、ジャパンカップ、有馬記念の5つだった。そのすべてを、20世紀最後の年である世紀末の2000年に制覇したのが**テイエムオペラオー**だ。

そんなテイエムオペラオーも、最初から圧倒的に強かったわけではない。新馬戦と未勝利戦を敗北。ようやく勝ち上がったのは、3戦目のことだった。

そこから連勝を重ね、クラシック第一弾の皐月賞を5番人気で勝利。この人気からわかるように、そこまで評価は高くなく、伏兵扱《ふくへい》いだった。ダービーでは少し人気が上がって3番人気となったが、3着に終わっている。以降、この年のテイエムオペラオーは、善戦はするものの勝ち切れないレースが続いた。

ただ、古馬の雄《ゆう》である**グラスワンダー**と**スペシャルウィーク**の二強対決が注目を集めていたこの年の有馬記念に出走した際、最後の直線で馬込《うまご》みを割って抜け出し、いったん先頭に立ったときの脚色《あしいろ》は目を見張るものがあった。結果は3着だったが、それは「来年、この世代で一番強くなるのはテイエムオペラオーかもしれない」とファンたちに予感させる走りだった。その予感は当たり、テイエムオペラオーは年が明けると怒濤《どとう》の覇道を進むこととなる。

◆シンボリルドルフ以来となるGI7勝を達成

2000年年明け初戦の京都記念で久々に勝利を挙げたテイエムオペラオーは、阪神大賞典を勝った後、天皇賞（春）に出走。ここで同世代の菊花賞馬**ナリタトップロード**を打ち破って勝利を収めると、次走の宝塚記念では前年の同競走優勝馬グラスワンダーとの対決を制し、3つ目のGIを奪取した。

秋に復帰したテイエムオペラオーは京都大賞典を快勝すると、天皇賞（秋）に出走。当時、同レースでは12年連続で1番人気が敗れており、「1番人気は勝てない」と囁《ささや》かれていた。

だが、テイエムオペラオーはそんなジンクスをものともせず堂々と1番人気で勝利する。次走のジャパンカップでは、一世代下のクラシック二冠馬**エアシャカール**を相手にせず勝利。年内最後の有馬記念でも勝利を収め、これにより古馬中長距離ＧＩ競走完全制覇、重賞８連勝、ＧＩ５連勝という偉業を年内無敗のおまけつきで達成した。

とくに、天皇賞（春）、宝塚記念、天皇賞（秋）、ジャパンカップ、有馬記念の古馬中長距離ＧＩ競走完全制覇は、過去にどの馬も達成したことがなく、また２０２１年現在でも後に続くものがいない唯一無二《ゆいいつむに》の大記録だ。まさに、テイエムオペラオーは世紀末覇王となったのである。

テイエムオペラオーは翌年も現役を続行。天皇賞（春）を連覇し、これで**シンボリルドルフ**以来となるＧＩ７勝を達成した。こうなれば当然、ＧＩ８勝の新記録が期待されたが、残念ながらこのあとＧＩを勝つことができず、同年引退した。以後、ＧＩ８勝は日本競馬界においてひとつの壁となっていく。

ちなみに、テイエムオペラオーは誕生時、血統的評価が高くなかったこともあり、１０００万円という比較的安い値段で馬主に売られている。しかし、生涯に稼いだ賞金は18億３５１８万９０００円と莫大《ばくだい》なものとなった。

テイエムオペラオー　トータル成績 26戦14勝(14-6-3-3)

日付	開催	レース	芝/ダ	距離	人気・着順	騎手
98/8/15	京都	サラ系3才新馬	芝	1600	1人2着	和田
99/1/16	京都	サラ系4才未勝利	ダ	1400	2人4着	和田
99/2/6	京都	サラ系4才未勝利	ダ	1800	1人1着	和田
99/2/27	阪神	ゆきやなぎ賞500万下	芝	2000	2人1着	和田
99/3/28	阪神	GⅢ毎日杯	芝	2000	3人1着	和田
99/4/18	中山	GⅠ皐月賞	芝	2000	5人1着	和田
99/6/6	東京	GⅠ日本ダービー	芝	2400	3人3着	和田
99/10/10	京都	GⅡ京都大賞典	芝	2400	3人3着	和田
99/11/7	京都	GⅠ菊花賞	芝	3000	2人2着	和田
99/12/4	中山	GⅡステイヤーズS	芝	3600	1人2着	和田
99/12/26	中山	GⅠ有馬記念	芝	2500	5人3着	和田
00/2/20	京都	GⅡ京都記念	芝	2200	1人1着	和田
00/3/19	阪神	GⅡ阪神大賞典	芝	3000	1人1着	和田
00/4/30	京都	GⅠ天皇賞(春)	芝	3200	1人1着	和田
00/6/25	阪神	GⅠ宝塚記念	芝	2200	1人1着	和田
00/10/8	京都	GⅡ京都大賞典	芝	2400	1人1着	和田
00/10/29	東京	GⅠ天皇賞(秋)	芝	2000	1人1着	和田
00/11/26	東京	GⅠジャパンC	芝	2400	1人1着	和田
00/12/24	中山	GⅠ有馬記念	芝	2500	1人1着	和田
01/4/1	阪神	GⅡ産経大阪杯	芝	2000	1人4着	和田
01/4/29	京都	GⅠ天皇賞(春)	芝	3200	1人1着	和田
01/6/24	阪神	GⅠ宝塚記念	芝	2200	1人2着	和田
01/10/7	京都	GⅡ京都大賞典	芝	2400	1人1着	和田
01/10/28	東京	GⅠ天皇賞(秋)	芝	2000	1人2着	和田
01/11/25	東京	GⅠジャパンC	芝	2400	1人2着	和田
01/12/23	中山	GⅠ有馬記念	芝	2500	1人5着	和田

テイエムオペラオー

望まない路線変更が伝説を創った
クロフネ

活躍年：00（平成12）～01（平成13）
性別・毛色：牡、芦毛
血統：父・フレンチデピュティ、母・ブルーアヴェニュー、母父・Classic Go Go

日本の競馬界では、長いあいだ外国生まれの馬（外国産馬）は3歳クラシック競走や天皇賞に出走できなかった。1970年代、デビュー以来無敗のまま圧勝を続けながらもダービーに出走できなかった**マルゼンスキー**なども、その悲哀《ひあい》を味わった1頭である。

だが、2001年に東京優駿（日本ダービー）が外国産馬にも開放されることとなった。そこで、「開放初年度のダービーを勝ってほしい」という願いを込め、幕末に開国を迫《せま》って浦賀《うらが》へ来航したペリーの黒船にちなんで名付けられたのが、アメリカ生まれで2歳のときに日本にやってきた**クロフネ**だ。

2000年10月の新馬戦は2着に終わったものの、次走ではレコードを1秒2更新する圧勝。さらに、3戦目のエリカ賞でも2戦連続となるレコード勝ちを収めた。同年暮れには、ラジオたんぱ杯3歳ステークスで重賞初出走。このレースでクロフネは1番人気に支持されたが、3着に終わる。1着はのちに皐月賞馬となる**アグネスタキオン**だった。

年が明けて２００１年。3歳となったクロフネは毎日杯に出走し、2着に5馬身差をつけて快勝する。ただ、クロフネが最大目標であるダービーに出走するには、重賞の京都新聞杯か青葉賞で1着になるか、3歳マイルＧＩであるＮＨＫマイルカップで2着までに入るという条件を満《み》たす必要があった。

そこで陣営はＮＨＫマイルカップを選択。このレースで初めて武豊とコンビを組むこととなったクロフネは見事勝ち切り、ＧＩ初制覇を果たした。しかし、目標はダービーだ。そのダービーでクロフネは2番人気に支持されたが、直線で伸びあぐねて5着に敗北。勝ったのは2歳時のラジオたんぱ杯3歳ステークスで2着に入り、クロフネに先着していた**ジャングルポケット**だった。

◆ダート2戦で見せた衝撃のレコード更新

「外国産馬が開放初年度のダービーを勝つ」という大目標は達成できなかったクロフネだが、次なる目標を前年から外国産馬に開放されていた天皇賞（秋）に定めた。ところが、当時の天皇賞の外国産馬の出走枠は2頭であり、獲得賞金額で上回る外国産馬の**メイショウドトウ**と**アグネスデジタル**が出走を決めたことで、クロフネは出走できないことになってしまった。

ちなみに、アグネスデジタルは直前まで天皇賞（秋）への出走意志を表明しておらず、その出走はクロフネ陣営にとって「まさか」の出来事だった。計画の狂った陣営は頭を抱えたが、急遽《きゅうきょ》方針を転換し、天皇賞（秋）の前日に行なわれるダート重賞の武蔵野ステークスに出走することに決めた。

クロフネにとってダート競走への出走は初めてのことであり、適性は未知数だった。だがクロフネは、このレースを従来のＪＲＡレコードを1秒2も更新する衝撃の走りで圧勝するのである。ダートレースのタイムは芝レースよりかなり遅くなるのが普通だが、クロフネの武蔵野ステークスでの走破《そうは》タイム1分33秒3は、芝レースに匹敵《ひってき》する破格の時計だった。

この圧勝劇を受け、陣営はクロフネをダートＧＩのジャパンカップダートへ出走させることに決める。そして、このレースでもクロフネは2着に7馬身差をつけ、従来のＪＲＡレコードを1秒3更新する圧勝を見せるのだ。2度目の

クロフネ　トータル成績 10戦6勝(6-1-2-1)

日付	開催	レース	芝/ダ	距離	人気・着順	騎手
00/10/14	京都	サラ系3才新馬	芝	1600	3人2着	松永
00/10/28	京都	サラ系3才新馬	芝	2000	1人1着	松永
00/12/3	阪神	エリカ賞500万下	芝	2000	1人1着	松永
00/12/23	阪神	GⅢラジオたんぱ杯3歳S	芝	2000	1人3着	松永
01/3/24	阪神	GⅢ毎日杯	芝	2000	1人1着	四位
01/5/6	東京	GⅠNHKマイルC	芝	1600	1人1着	武豊
01/5/27	東京	GⅠ日本ダービー	芝	2400	2人5着	武豊
01/9/23	阪神	GⅡ神戸新聞杯	芝	2000	2人3着	蛯名
01/10/27	東京	GⅢ武蔵野S	ダ	1600	1人1着	武豊
01/11/24	東京	GⅠジャパンCダート	ダ	2100	1人1着	武豊

衝撃だった。

余談だが、ダートのレコードは重馬場や不良馬場のときのほうが出やすいものだが、クロフネの2連続のレコードは、どちらも良馬場でのものである。このことからも、この馬のダートでの底知れない強さがわかる。

ジャパンカップダートのレース後、クロフネは翌年に海外ダートGⅠに挑戦することを決め、休養に入った。しかし、年末に右前脚に屈腱炎《くっけんえん》を発症し、そのまま引退となってしまう。

クロフネがダートレースを走ったのは、わずか2戦でしかない。それでも、伝説となったあまりに衝撃的なレースぶりから、「ダート最強馬」といえば、いまでも多くの人はクロフネの名前を挙げる。

日本競馬史上の最高傑作

ディープインパクト

活躍年：04（平成16）～06（平成18）
性別・毛色：牡、鹿毛
血統：父・サンデーサイレンス、母・ウインドインハーヘア、母父・Alzao

アメリカのGI馬である**サンデーサイレンス**が、種牡馬として日本に輸入されたのは1990年のことだ。その初年度産駒から**フジキセキ**をはじめとするGI馬を続々と輩出《はいしゅつ》。日本の血統勢力図を完全に塗り替えてしまった。そして、種牡馬生活の晩年に生み出し、サンデーサイレンスの最高傑作のみならず、日本競馬史上の最高傑作とも呼ばれているのが**ディープインパクト**である。

2004年12月にデビューしたディープインパクトは、新馬戦で2着馬に4馬身差をつけて圧勝。初戦から引退までの全レースで手綱を握った武豊は、この時点でディープインパクトが伝説級の馬になることを確信していたという。

年明け2戦目に出走した若駒《わかごま》ステークスでは最後方から競馬をし、4コーナーに入っても先頭の馬から10馬身程度の差があった。だが、直線で一気に突き抜けると5馬身差で勝利を収める。これ以降、後方待機からの強烈な追い込みが、ディープインパクトの基本的なレーススタイルとなっていく。

弥生賞での勝利を挟んで出走したクラシック第一弾の皐月賞では、レース開始直後につまずき、落馬寸前まで体勢を崩したことで他馬からかなり遅れたスタートとなってしまう。この瞬間、ファンの多くはディープインパクトの敗北を予感した。さらにこのレースでは道中、他馬とも接触している。そういう意味でディープインパクトの全レース中、一番危なっかしく見えたのが皐月賞だ。

しかし、結果的にディープインパクトは直線で2着の**シックスセンス**に2馬身半の差をつけて快勝。騎乗の武豊は三冠獲得を約束するかのように、指を一本立てた。また、のちにディープインパクトの代名詞となる「走っているというより飛んでいる」という言葉を武が発したのもこのときのことだ。

その後、ディープインパクトは武豊が約束したとおりにダービーと菊花賞を危なげなく勝ち、無敗の三冠馬となった。同年暮れには有馬記念に出走し、単勝1・3倍という圧倒的1番人気となる。だが、このレースでディープインパクトは前を走る**ハーツクライ**を捕らえきれず、2着に敗れてしまう。この敗戦は、ハーツクライに騎乗していたルメールの好判断をはじめ、複数の要因があるが、ともあれディープインパクトにとって最初で最後の国内敗戦となった。

◆「走っているというより飛んでいる」強さの秘密

ところで、ディープインパクトの強さの秘密は、科学的にも分析されている。馬の歩幅は1本目の脚が地面を離れた地点から4本目の脚が着地した地点までの距離で測り、これを「一完歩《かんぽ》」という。菊花賞ラスト100メートルの他馬の一完歩の平均距離は7・03メートルだったが、ディープインパクトはただ一頭だけ7・54メートルだった。一歩で約50センチずつ差が開いていくのだから、他の馬は勝ちようがない。まさに、一頭だけ「飛んでいる」のである。

2006年に入り、天皇賞(春)、宝塚記念とGIを連勝したディープインパクトにとって、国内にはもはや敵はいなかった。そこで、日本競馬界長年の悲願であるフランスのGI凱旋門賞への挑戦が発表される。

同年10月、ディープインパクトは日本中の期待を背負って凱旋門賞に出走した。だが、このレースでは珍しく先行したあげく、最後の直線で他馬に抜かされ、3着に終わってしまう。さらにレース後の検査で、ディープインパクトの

ディープインパクト　トータル成績 14戦12勝(12-1-0-1)

日付	開催	レース	芝/ダ	距離	人気·着順	騎手
04/12/19	阪神	サラ系2歳新馬	芝	2000	1人1着	武豊
05/1/22	京都	若駒S(オープン)	芝	2000	1人1着	武豊
05/3/6	中山	GⅡ弥生賞	芝	2000	1人1着	武豊
05/4/17	中山	GⅠ皐月賞	芝	2000	1人1着	武豊
05/5/29	東京	GⅠ日本ダービー	芝	2400	1人1着	武豊
05/9/25	阪神	GⅡ神戸新聞杯	芝	2000	1人1着	武豊
05/10/23	京都	GⅠ菊花賞	芝	3000	1人1着	武豊
05/12/25	中山	GⅠ有馬記念	芝	2500	1人2着	武豊
06/3/19	阪神	GⅡ阪神大賞典	芝	3000	1人1着	武豊
06/4/30	京都	GⅠ天皇賞(春)	芝	3200	1人1着	武豊
06/6/25	京都	GⅠ宝塚記念	芝	2200	1人1着	武豊
06/10/1	仏·ロンシャン	GⅠ凱旋門賞	芝	2400	1人失格	武豊
06/11/26	東京	GⅠジャパンC	芝	2400	1人1着	武豊
06/12/24	中山	GⅠ有馬記念	芝	2500	1人1着	武豊

体内に病気治療で使われた薬物が残っていたことが明らかになり、正式なレース結果としては失格となってしまった。

　こうして凱旋門賞制覇は夢に終わったが、帰国後のディープインパクトはジャパンカップと有馬記念を危なげなく勝利して引退した。ちなみに、菊花賞のゴール前、実況の馬場《ばば》鉄志《てつし》アナウンサーは「これが日本近代競馬の結晶だ」と叫んだが、これはいまも大半の競馬ファンの総意だろう。そして、そんなディープインパクトこそが史上最強馬だと考える人は多い。

ダート界を席巻した砂の王者

スマートファルコン

活躍年：07（平成19）〜12（平成24）
性別・毛色：牡、栗毛
血統：父・ゴールドアリュール、母・ケイシュウハーブ、母父・ミシシッピアン

イギリスの競馬に範をとってきた日本の中央競馬では、長年、芝のレースに比べてダートレースが軽視される傾向が続いてきた。だが、1995年にダートレースの多い地方競馬と中央競馬の交流が始まったことで、ダートにも注目が集まるようになっていった。1997年にはGⅡだったフェブラリーステークスが中央競馬初となるダートGⅠに格上げ。2000年にはダートGⅠのジャパンカップダート（現：チャンピオンズカップ）も新設された。

この流れのなか、中央競馬にも**ゴールドアリュール**や**カネヒキリ**、**ヴァーミリアン**など、中央・地方のダート重賞で勝利を重ねたダートの名馬たちが次々と現れた。**スマートファルコン**も、そんなダートの名馬の1頭である。

2007年10月にダートの新馬戦でデビューしたスマートファルコンは、ここを1番人気で快勝。2戦目は2着に敗れたものの3戦目も勝ち、2歳シーズ

ンを締めくくった。

ここまでダートしか走っていなかったスマートファルコンだったが、2008年の年明け初戦に芝レースのジュニアカップに出走し、これに勝ったことで芝路線に転向する。だが、共同通信杯、アーリントンカップで惨敗が続き、なんとか皐月賞には出走したものの、見せ場もなく最下位に沈んでしまった。

そこで、スマートファルコンはふたたびダート路線に戻り、地方の大井《おおい》競馬場で開催されている交流重賞のジャパンダートダービーに出走。ここで2着に入ると、次走で古馬との初対戦となったKBC杯で勝ちを収め、改めてダート適性の高さを見せつけた。そして、このKBC杯を最後に、スマートファルコンは中央競馬の所属馬でありながら、いっさい中央競馬のレースには出走せず、地方競馬を転戦しながらダート重賞を勝ちまくるのである。

◆交流重賞で勝ちまくり、19勝を積み重ねる

10月に金沢競馬場で行なわれた白山《はくさん》大賞典に出走したスマートファルコンは、鮮《あざ》やかな逃げ切り勝ちで重賞初制覇を果たした。以後、スマートファルコンは

約1年後の2009年11月まで連対（2着以内）を外すことなく、地方競馬で交流重賞8勝という荒稼ぎをする。

同年11月に浦和競馬場で行なわれた浦和記念で、スマートファルコンは初めてダートレースで連対を外し、7着に敗れた。だが、この敗戦はけっして力が衰えたわけではなく、たまたまのものでしかなかったようだ。その証拠に、翌2010年から2012年まで、年齢でいえば5歳から7歳までの長期間にわたって、スマートファルコンは帝王賞、JBCクラシック、東京大賞典、川崎記念など、数々の交流重賞で勝利を挙げ続けるのである。

結果、積み上げた重賞勝利数は19。これは、2021年に地方競馬所属の**カツゲキキトキト**に抜かれるまで国内平地重賞の最多勝利記録だった。そのすべてが交流重賞のものだったとはいえ、偉大な記録であることは間違いない。

2012年1月に川崎記念をコースレコードで圧勝したスマートファルコンは、ドバイワールドカップに招待され、生涯初となる海外遠征に向かった。しかし、レース本番ではスタート前に飛び出そうとしてゲートに顔面を強打したこともあり、10着に敗れた。そして帰国後、怪我により引退を決める。

スマートファルコン　トータル成績 34戦23勝(23-4-1-6)

日付	開催	レース	芝/ダ	距離	人気・着順	騎手
07/10/28	東京	サラ系2歳新馬	ダ	1600	1人1着	岩田
07/11/25	東京	サラ系2歳500万下	ダ	1600	3人2着	岩田
07/12/16	中山	サラ系2歳500万下	ダ	1800	3人1着	後藤
08/1/6	中山	ジュニアC(オープン)	芝	1600	5人1着	横山
08/2/11	東京	JpnIII共同通信杯	芝	1800	2人7着	横山
08/3/1	阪神	JpnIIIアーリントンC	芝	1600	4人10着	池添
08/4/20	中山	JpnI皐月賞	芝	2000	17人18着	福永
08/7/9	大井	JpnIジャパンDダービー(中央交流)	ダ	2000	3人2着	岩田
08/8/10	小倉	KBC杯(オープン)	ダ	1700	1人1着	岩田
08/10/7	金沢	JpnIII白山大賞典(中央交流)	ダ	2100	1人1着	岩田
08/11/3	園田	JpnI JBCスプリント(中央交流)	ダ	1400	3人2着	岩田
08/11/26	浦和	JpnII彩の国浦和記念(中央交流)	ダ	2000	1人1着	岩田
08/12/25	園田	JpnIII兵庫ゴールドT(中央交流)	ダ	1400	1人1着	岩田
09/2/11	佐賀	JpnIII佐賀記念(中央交流)	ダ	2000	1人1着	岩田
09/3/25	名古屋	JpnIII名古屋大賞典(中央交流)	ダ	1900	1人1着	岩田
09/5/4	名古屋	JpnIIIかきつばた記念(中央交流)	ダ	1400	1人1着	岩田
09/5/27	浦和	JpnIIIさきたま杯(中央交流)	ダ	1400	1人1着	岩田
09/7/20	盛岡	JpnIIIマーキュリーC(中央交流)	ダ	2000	1人2着	岩田
09/8/13	門別	JpnIIブリーダーズGC(中央交流)	ダ	2000	2人1着	岩田
09/11/25	浦和	JpnII浦和記念(中央交流)	ダ	2000	1人7着	岩田
10/5/3	名古屋	JpnIIIかきつばた記念(中央交流)	ダ	1400	2人1着	岩田
10/5/26	浦和	JpnIIIさきたま杯(中央交流)	ダ	1400	1人1着	岩田
10/6/30	大井	JpnI帝王賞(中央交流)	ダ	2000	3人6着	岩田
10/9/23	船橋	JpnII日本TV盃(中央交流)	ダ	1800	3人3着	武豊
10/11/3	船橋	JpnI JBCクラシック(中央交流)	ダ	1800	4人1着	武豊
10/11/24	浦和	JpnII浦和記念(中央交流)	ダ	2000	1人1着	武豊
10/12/29	大井	JpnI東京大賞典(中央交流)	ダ	2000	1人1着	武豊
11/5/2	船橋	JpnIIダイオライト記念(中央交流)	ダ	2400	1人1着	武豊
11/6/29	大井	JpnI帝王賞(中央交流)	ダ	2000	1人1着	武豊
11/9/23	船橋	JpnII日本TV盃(中央交流)	ダ	1800	1人1着	武豊
11/11/3	大井	JpnI JBCクラシック(中央交流)	ダ	2000	1人1着	武豊
11/12/29	大井	GI東京大賞典	ダ	2000	1人1着	武豊
12/1/25	川崎	JpnI川崎記念(中央交流)	ダ	2100	1人1着	武豊
12/3/31	UAE・メイダン	GIドバイワールドC	AW(全天候馬場)	2000	2人10着	武豊

「最強」を印象づけた2着

オルフェーヴル

活躍年：10（平成22）～13（平成25）
性別・毛色：牡、栗毛
血統：父・ステイゴールド、母・オリエンタルアート、母父・メジロマックイーン

オルフェーヴルはGⅠ3勝馬**ドリームジャーニー**の弟という良血で、2010年8月の新馬戦でデビュー。この初戦を快勝したものの、ゴールしたあとに騎手を振り落とすという気性《きしょう》の悪さを見せた。そのあまりの暴れ方に陣営は、「このままでは競走馬になれないかと思った」という。

陣営の心配は3戦目で的中。ゲート内で落ち着かず、出遅れたかと思うと、騎手が追走《ついそう》しようと気合を入れた瞬間、かかり気味に暴走して10着に沈んでしまったのだ。この結果を受けて陣営は、改めて最大目標をダービーに定め、それまでは目先の勝利よりも気性面の改善に重きを置くことにした。

年が明けてからの2戦に続けて敗れたが、陣営は気にせず、オルフェーヴルに辛抱《しんぼう》強く競馬を教え込み続けた。その努力が報《むく》われ、3月のスプリングステークスでオルフェーヴルは騎手の指示によく従い、重賞初制覇を果たす。

そしてこの後、オルフェーヴルは皐月賞で2着馬を3馬身差引き離して勝利。台風の影響で不良馬場となったダービーでも勝ちを収め、秋には菊花賞も勝って、ディープインパクト以来の三冠馬となるのである。さらに、オルフェーヴルは暮れの有馬記念に出走すると、前年のダービー馬**エイシンフラッシュ**や天皇賞馬**トーセンジョーダン**を打ち破り、4つ目のGIを獲得した。

スプリングステークスから有馬記念まで、オルフェーヴルは無敗で重賞6連勝を果たした。もはや、デビュー戦や3戦目で見せた暴れん坊ぶりは鳴りを潜《ひそ》め、優等生に生まれ変わったかと思われた。だが翌年、オルフェーヴルは狂気と才能を爆発させる、ある意味もっともこの馬らしいレースをする。

◆暴走、失速、猛追撃……狂気の阪神大賞典

4歳となった2012年の初戦に選ばれたのは阪神大賞典だった。レース当日、オルフェーヴルは圧倒的な1番人気に支持される。

ところが、このレースでオルフェーヴルはレース後半の第3コーナーを曲がろうとせず、外ラチ（コース外側の柵《さく》）まで真っ直ぐに逸走《いっそう》するという大暴走を

してしまうのだ。騎手があわてて手綱を引くと急減速し、故障したかと思うほどの勢いで後退した。実質的にはレースをやめたようなものだった。

しかし、ここからがオルフェーヴルは並《なみ》の馬とは違った。インコースに他馬を見つけたオルフェーヴルはふたたび加速してコースに復帰。距離ロスが100メートル近くあったにもかかわらず、猛然と追い上げ、直線では先頭に並びかけたのである。結果的には2着に終わったが、この常識外れのレースほどオルフェーヴルの強さと怖さを知らしめたものはない。

その年の夏、オルフェーヴルは凱旋門賞に挑戦するためフランスに遠征。その凱旋門賞で残り約300メートルで先頭に立つと、抜群の手応えで後続を突き放した。それは、日本競馬界の悲願である凱旋門賞制覇に、もっとも近づいた瞬間だった。誰もが勝ったと思った。だが、オルフェーヴルは直線で急にヨレだして失速。ゴールまであとわずか5メートルのところでかわされて2着となってしまう。このレースもまた、オルフェーヴルの能力の高さと難しさが同居した、この馬らしいレースだったというほかない。

翌年もオルフェーヴルは凱旋門賞に挑戦し、2着となった。この年は前年に

オルフェーヴル　トータル成績 21戦12勝(12-6-1-2)

日付	開催	レース	芝/ダ	距離	人気・着順	騎手
10/8/14	新潟	サラ系2歳新馬	芝	1600	2人1着	池添
10/10/3	中山	芙蓉S(オープン)	芝	1600	1人2着	池添
10/11/13	東京	GⅡ京王杯2歳S	芝	1400	1人10着	池添
11/1/9	京都	GⅢシンザン記念	芝	1600	3人2着	池添
11/2/6	京都	GⅢきさらぎ賞	芝	1800	2人3着	池添
11/3/26	阪神	GⅡスプリングS	芝	1800	1人1着	池添
11/4/24	東京	GⅠ皐月賞	芝	2000	4人1着	池添
11/5/29	東京	GⅠ日本ダービー	芝	2400	1人1着	池添
11/9/25	阪神	GⅡ神戸新聞杯	芝	2400	1人1着	池添
11/10/23	京都	GⅠ菊花賞	芝	3000	1人1着	池添
11/12/25	中山	GⅠ有馬記念	芝	2500	1人1着	池添
12/3/18	阪神	GⅡ阪神大賞典	芝	3000	1人2着	池添
12/4/29	京都	GⅠ天皇賞(春)	芝	3200	1人11着	池添
12/6/24	阪神	GⅠ宝塚記念	芝	2200	1人1着	池添
12/9/16	仏・ロンシャン	GⅡフォワ賞	芝	2400	1人1着	C.スミヨン
12/10/7	仏・ロンシャン	GⅠ凱旋門賞	芝	2400	1人2着	C.スミヨン
12/11/25	東京	GⅠジャパンC	芝	2400	1人2着	池添
13/3/31	阪神	GⅡ産経大阪杯	芝	2000	1人1着	池添
13/9/15	仏・ロンシャン	GⅡフォワ賞	芝	2400	1人1着	C.スミヨン
13/10/6	仏・ロンシャン	GⅠ凱旋門賞	芝	2400	1人2着	C.スミヨン
13/12/22	中山	GⅠ有馬記念	芝	2500	1人1着	池添

比べて完敗だったが、2年連続の凱旋門賞2着は世界的に見ても偉《い》業《ぎょう》である。

帰国後、オルフェーヴルは引退レースとして有馬記念に出走。8馬身差という完勝を見せ、ターフを去っていった。

オルフェーヴルが平成を代表する最強馬の1頭だったことは間違いない。しかし、引退レースの有馬記念を別にすれば、勝ったレースよりも、阪神大賞典と凱旋門賞初挑戦で2着に敗れたときが一番「最強」を感じさせたという不思議な馬でもあった。

競馬場に響き渡った「キタサン祭り」

キタサンブラック

活躍年：15（平成27）～17（平成29）
性別・毛色：牡、鹿毛
血統：父・ブラックタイド、母・シュガーハート、母父・サクラバクシンオー

キタサンブラックの実質的な馬主は国民的歌手の北島三郎である。そういう意味でデビュー前からそれなりの注目を集めていたが、ファンからは血統的に少々地味に受け取られたためか、実際のレースではなかなか人気にならない馬だった。

2015年1月に3歳で出走した新馬戦を快勝したキタサンブラックは、3連勝でスプリングステークスに勝ち、重賞を初制覇。だが、そこまでの人気は3番人気、9番人気、5番人気と、あまり高くないものだった。

無敗のまま出走したクラシック第一弾の皐月賞でも、4番人気と伏兵扱いだった。この皐月賞では3着と善戦したものの、次のダービーではさらに人気を落とし、6番人気となっていた。着順はさらに悪く、ダービーでキタサンブラックは生涯唯一の2ケタ着順である14着に沈んでいる。

だが、秋初戦のセントライト記念を6番人気で勝ったキタサンブラックは、菊花賞に歩みを進め、5番人気ながら勝利を収めてGI馬となった。このレース後、北島三郎は戦前からの公約どおり、競馬場で自分の代表曲のひとつである『まつり』の歌詞を「祭りだ、祭りだ、祭りだ、キタサン祭り」と少し変えて歌い、大観衆を喜ばせた。以後、キタサンブラックのレースでの、北島三郎と観客による『まつり』の大合唱は恒例のイベントとなっていく。

そんなこともあり、このころからキタサンブラックはその実力と人気が一致するようになっていった。年末の有馬記念ではファン投票3位に支持され、本番では4番人気だったものの3着に粘っている。

◆低評価を覆し、人気と実力を兼ね備えた歴史的名馬に

キタサンブラックの人気が完全に定着したのは、2016年に入り、武豊とコンビを組むようになってからだろう。年明けの初戦で武との初コンビとなった産経大阪杯は5番人気だったが、2着に入る。そして次走の天皇賞（春）では2番人気となり、見事、勝利を収めるのだ。以後、引退までキタサンブラッ

クが2番人気以下となることはなかった。

この年の秋初戦で出走した京都大賞典を、キタサンブラックは初めての1番人気で快勝。次のジャパンカップも1番人気で勝ち、ＧＩ3勝目を挙げた。12月には2度目となる有馬記念に出走。このときは同年の菊花賞馬**サトノダイヤモンド**との二強対決が注目を集め、両馬の人気は拮抗《きっこう》した。レースではサトノダイヤモンドの末脚《すえあし》が爆発し、キタサンブラックはゴール直前で差し切られ、2着に敗れてしまう。ただ、北島三郎は勝っても負けても歌うと宣言しており、全レース終了後に『まつり』を歌い、大きな歓声を浴びた。

5歳となった２０１７年、この年からＧＩに昇格した大阪杯を年明け初戦に選んだキタサンブラックは、これに勝利。次走の天皇賞（春）では、ふたたびサトノダイヤモンドとの二強対決が話題となったが、今度は1着で雪辱《せつじょく》を果たし、天皇賞連覇を成し遂げた。ちなみに、このレースでキタサンブラックは、**ディープインパクト**以来11年ぶりとなる1番人気での勝利を挙げている。

秋に入ると、キタサンブラックは台風で不良馬場となった天皇賞（秋）を武豊の好騎乗もあり、勝利。**テイエムオペラオー**と並ぶ天皇賞3勝を果たした。

キタサンブラック　トータル成績 20戦12勝（12-2-4-2）

日付	開催	レース	芝/ダ	距離	人気・着順	騎手
15/1/31	東京	サラ系3歳新馬	芝	1800	3人1着	後藤
15/2/22	東京	サラ系3歳500万下	芝	2000	9人1着	北村
15/3/22	中山	GⅡスプリングS	芝	1800	5人1着	北村
15/4/19	中山	GⅠ皐月賞	芝	2000	4人3着	浜中
15/5/31	東京	GⅠ日本ダービー	芝	2400	6人14着	北村
15/9/21	中山	GⅡ朝日杯セントライト記念	芝	2200	6人1着	北村
15/10/25	京都	GⅠ菊花賞	芝	3000	5人1着	北村
15/12/27	中山	GⅠ有馬記念	芝	2500	4人3着	横山
16/4/3	阪神	GⅡ産経大阪杯	芝	2000	5人2着	武豊
16/5/1	京都	GⅠ天皇賞（春）	芝	3200	2人1着	武豊
16/6/26	阪神	GⅠ宝塚記念	芝	2200	2人3着	武豊
16/10/10	京都	GⅡ京都大賞典	芝	2400	1人1着	武豊
16/11/27	東京	GⅠジャパンC	芝	2400	1人1着	武豊
16/12/25	中山	GⅠ有馬記念	芝	2500	2人2着	武豊
17/4/2	阪神	GⅠ大阪杯	芝	2000	1人1着	武豊
17/4/30	京都	GⅠ天皇賞（春）	芝	3200	1人1着	武豊
17/6/25	阪神	GⅠ宝塚記念	芝	2200	1人9着	武豊
17/10/29	東京	GⅠ天皇賞（秋）	芝	2000	1人1着	武豊
17/11/26	東京	GⅠジャパンC	芝	2400	1人3着	武豊
17/12/24	中山	GⅠ有馬記念	芝	2500	1人1着	武豊

そして、同年暮れに引退レースとして3度目の有馬記念に出走すると、これにも勝ってGⅠ勝利を7つにまで積み上げた。こうして、デビュー後しばらくの不人気が嘘のように、キタサンブラックは人気と実力を兼ね備えた歴史的名馬として惜しまれつつ引退する。

全レース終了後、キタサンブラックの引退セレモニーが開かれ、北島三郎はファン、関係者とともに『まつり』を熱唱した。それは、最後の『まつり』だったが、毎年暮れの恒例にしてもいいのではと感じさせる、いい光景だった。

平成の年度代表馬(JRA賞)一覧…1989〜1999

年	受賞馬	性・齢	年度成績と主な勝ち鞍
1989(平成元)	イナリワン	牡5	8戦3勝:天皇賞(春)、宝塚記念、有馬記念
1990(平成2)	オグリキャップ	牡5	5戦2勝:安田記念、有馬記念
1991(平成3)	トウカイテイオー	牡3	4戦4勝:皐月賞、日本ダービー
1992(平成4)	ミホノブルボン	牡3	5戦4勝:皐月賞、日本ダービー
1993(平成5)	ビワハヤヒデ	牡3	7戦3勝:菊花賞
1994(平成6)	ナリタブライアン	牡3	7戦6勝:3歳クラシック三冠(皐月賞、日本ダービー、菊花賞)、有馬記念
1995(平成7)	マヤノトップガン	牡3	13戦5勝:菊花賞、有馬記念
1996(平成8)	サクラローレル	牡5	5戦4勝:天皇賞(春)、有馬記念
1997(平成9)	エアグルーヴ	牝4	5戦3勝:天皇賞(秋)
1998(平成10)	タイキシャトル	牡4	5戦4勝【中央4戦3勝、海外1戦1勝】:安田記念、マイルチャンピオンシップ、ジャック・ル・マロワ賞
1999(平成11)	エルコンドルパサー	牡4	4戦2勝【中央未出走、海外4戦2勝】:サンクルー大賞

2章
「牝馬の時代」を彩ったヒロインたち

かつて、牝馬《ひんば》は牡馬《ぼば》より弱いとされていた。
だが、時代は変わって、牡馬を蹴散らして
活躍する名牝が次々と登場、ターフを沸《わ》かせた。
ヒシアマゾン、ウオッカ、ブエナビスタ……
そして平成の最後に、前人未到の記録を
打ち立てる女王・アーモンドアイが出現する。

「怪物」に迫った「女傑」

ヒシアマゾン

活躍年：93（平成5）～96（平成8）
性別・毛色：牝、黒鹿毛
血統：父・Theatrical、母・Katies、
母父・ノノアルコ

まだ一般的には牡馬《ぼば》と牝馬《ひんば》の力差があると考えられていた平成初期、牡馬と互角以上に戦い「女傑《じょけつ》」と呼ばれたのが**ヒシアマゾン**だ。1993年9月のデビュー戦を快勝したヒシアマゾンは、2戦連続の2着を挟み、2歳女王決定戦である阪神3歳牝馬ステークスに出走。ここで2着に5馬身差をつけて圧勝し、若き女王の座に就《つ》いた。

だが、ヒシアマゾンは外国産馬であり、当時の規定では桜花賞とオークスの牝馬クラシックには出走することができなかった。そこでやむを得ず、3歳となった1994年の春シーズンは、いわゆる「裏街道」と呼ばれたクラシック路線とは無縁の重賞街道を進むこととなる。

年明け初戦の京成杯は**ビコーペガサス**の2着に終わったものの、その後、クイーンカップ、クリスタルカップ、ニュージーランドトロフィー（NZT）4

歳ステークスと重賞3連勝。とくに、クリスタルカップにおける、残り100メートルで先頭と4馬身差ありながら1頭だけ早送りをしているような鬼脚《おにあし》で差し切ったレースぶりは、見る者に強烈なインパクトを与えた。

秋に入ると、ヒシアマゾンはクイーンステークス、ローズステークスと、3歳牝馬限定の重賞を連勝し、エリザベス女王杯に歩みを進めた。当時、エリザベス女王杯は牝馬三冠の最終戦に位置付けられていたが、このレースだけは外国産馬も出走できたのだ。

そして、このエリザベス女王杯でヒシアマゾンは、その年のオークス馬**チョウカイキャロル**を破り、重賞6連勝で同世代牝馬の頂点に立つのである。誰もが認める実力をもちながら、生まれた国の違いというだけでクラシックレースに出走できなかった、これまでの鬱憤《うっぷん》を晴らすかのような勝利だった。

◆無敵のナリタブライアンに敢然《かんぜん》と戦いを挑《いど》む

しかし、この年のヒシアマゾンの挑戦はまだ終わっていなかった。年末の有馬記念への出走を決めたのだ。同年の有馬記念には、この年三冠を達成し、「シャドーロールの怪物」と恐れられていた**ナリタブライアン**も出走を決めていた。当時のナリタブライアンは無敵を誇っており、ファンの注目もこの最強馬に集中していた。そのため、レース当日のヒシアマゾンへの支持は6番人気とけっして高いとはいえないものだった。

ところが、レースが始まるとヒシアマゾンは相手をナリタブライアン1頭に絞って敢然と正面から勝負を挑み、他の古馬《こば》や牡馬を蹴散《けち》らしてナリタブライアンの2着に食い込むのである。3着は菊花賞と天皇賞（春）勝ちの実績をもつ**ライスシャワー**だったが、ヒシアマゾンは同馬には2馬身半差と完勝を収めている。このレースでヒシアマゾンは、性別も世代も関係なく、この時代の最強馬の1頭であることを証明したのだ。

1995年、4歳となったヒシアマゾンは、初戦の高松宮《たかまつのみや》杯は久々のレースだったこともあり5着に敗れたものの、続くオールカマーと京都大賞典で重賞連勝。そのあと、日本馬と外国馬が激突する国際招待競走のジャパンカップへと出走した。このジャパンカップで1着となったのはドイツの**ランド**だったが、日本馬最先着の2着となったのはヒシアマゾンだった。ヒシアマゾンが破

ヒシアマゾン　トータル成績 20戦10勝(10-5-0-5)

日付	開催	レース	芝/ダ	距離	人気・着順	騎手
93/9/19	中山	サラ系3才新馬	ダ	1200	1人1着	中舘
93/10/24	東京	プラタナス賞500万下	ダ	1400	3人2着	江田
93/11/13	東京	GⅡ京成杯3歳S	芝	1400	6人2着	中舘
93/12/5	阪神	GⅠ阪神3歳牝馬S	芝	1600	2人1着	中舘
94/1/9	中山	GⅢ京成杯	芝	1600	1人2着	中舘
94/1/30	東京	GⅢクイーンC	芝	1600	1人1着	中舘
94/4/16	中山	GⅢクリスタルC	芝	1200	1人1着	中舘
94/6/5	東京	GⅡニュージーランドT4歳S	芝	1600	1人1着	中舘
94/10/2	中山	GⅢクイーンS	芝	2000	1人1着	中舘
94/10/23	阪神	GⅡローズS	芝	2000	1人1着	中舘
94/11/13	京都	GⅠエリザベス女王杯	芝	2400	1人1着	中舘
94/12/25	中山	GⅠ有馬記念	芝	2500	6人2着	中舘
95/7/9	中京	GⅡ高松宮杯	芝	2000	1人5着	中舘
95/9/18	中山	GⅡオールカマー	芝	2200	1人1着	中舘
95/10/8	京都	GⅡ京都大賞典	芝	2400	1人1着	中舘
95/11/26	東京	GⅠジャパンC	芝	2400	2人2着	中舘
95/12/24	中山	GⅠ有馬記念	芝	2500	1人5着	中舘
96/6/9	東京	GⅠ安田記念	芝	1600	4人10着	中舘
96/11/10	京都	GⅠエリザベス女王杯	芝	2200	5人7着	中舘
96/12/22	中山	GⅠ有馬記念	芝	2500	5人5着	河内

った相手には、当時不調だったとはいえナリタブライアンもいた。

ジャパンカップ以降は歴戦の疲労が溜《た》まっていたためか、ヒシアマゾンは１勝も挙げることができず、翌年引退する。だが、牡馬に真っ向から勝負を挑み、ねじ伏せることで、同馬は「牝馬の時代」のパイオニアとなった。ちなみに、１２００メートルのクリスタルカップと２４００メートルのエリザベス女王杯、京都大賞典という、まったく距離の異なる重賞で勝ちを収めていることも、この馬の底知れない強さを物語っている。

牡馬と互角に戦えることを証明した

エアグルーヴ

活躍年：95（平成7）～98（平成10）
性別・毛色：牝、鹿毛
血統：父・トニービン、母・ダイナカール、母父・ノーザンテースト

エアグルーヴは1983年のオークス馬**ダイナカール**の娘で、デビュー前から大きな注目を集めていた。1995年7月のデビュー戦は2着に終わったものの、しっかり2戦目で勝ち上がると、3戦目でも連勝を決める。

次に世代最初のGI阪神3歳牝馬ステークスに出走するが、ここでは**ビワハイジ**の2着に終わった。だが1996年、年明け初戦のチューリップ賞でビワハイジに雪辱を果たしたことで、桜花賞の最有力候補と目《もく》されるようになる。

しかし、桜花賞直前に発熱。これにより、エアグルーヴは無念の回避を余儀《よぎ》なくされる。それでもすぐに体調は回復し、オークスでは1番人気に支持された。このレースでは、自身が出られなかった桜花賞を勝った**ファイトガリバー**を破って勝利。史上2回目、42年ぶりとなるオークス母娘制覇を果たした。

秋に入って、エアグルーヴは牝馬クラシック最終戦の秋華賞に出走する。と

ころが、パドックでファンからカメラのフラッシュを大量に浴びたことでパニック状態になってしまい、レースでは10着と大敗を喫《きっ》してしまった。しかも、レース後には骨折が判明し、長期休養に入ることとなる。ちなみに、このエアグルーヴの事件以降、パドックでのフラッシュ撮影は禁止となった。

◆牝馬として26年ぶりの年度代表馬に

1997年6月に牝馬限定重賞のマーメイドステークスで復帰したエアグルーヴは、これを快勝。そして、ここから牡馬との戦いに乗り出していく。陣営はデビュー当初からエアグルーヴが牡馬と互角以上に戦えると考えており、これは当初の計画どおりだった。

その試金石《しきんせき》として選ばれたのが、8月の札幌記念だ。このレースには皐月賞とマイルチャンピオンシップの2つのGⅠ勝ちの実績をもつ牡馬**ジェニュイン**も出走していたが、エアグルーヴはこれを難《なん》なく打ち破り、勝利を収めた。

この勝利で自信を深めた陣営は、エアグルーヴを天皇賞（秋）に出走させる。この年の天皇賞（秋）には前年の同レース覇者である**バブルガムフェロー**が出走しており、レース当日1番人気に支持されたのは同馬だった。しかし、エアグルーヴも堂々2番人気の支持を受けていた。

レースでは、最後の直線に入ってバブルガムフェローが抜け出そうとしたところ、外からエアグルーヴが猛追《もうつい》。残り200メートルからは完全に2頭の一騎打ちとなった。結果、エアグルーヴはこの競《せ》り合いにクビ差で勝ち、1着となる。牝馬による天皇賞（秋）制覇は、1980年の**プリテイキャスト**以来17年ぶりのことだった。

その後、エアグルーヴはジャパンカップと有馬記念に出走し、2着、3着と善戦。しかも、どちらのレースも強豪牡馬が多数出走していたにもかかわらず、エアグルーヴは2番人気に支持されていた。すでにファンも、この馬が牡馬に負けない力をもっていることを認めていたのだ。

この年、エアグルーヴは牡馬に混じって秋の中長距離GIを3戦した。そのすべてで3着以内に入ったことが評価され、年度代表馬に選定される。牝馬の年度代表馬受賞は、1971年の**トウメイ**以来26年ぶりのことである。

翌1998年もエアグルーヴは現役を続行し、4月の産経大阪杯では1歳年

エアグルーヴ　トータル成績 19戦9勝(9-5-3-2)

日付	開催	レース	芝/ダ	距離	人気・着順	騎手
95/7/8	札幌	サラ系3才新馬	芝	1200	1人2着	武豊
95/7/30	札幌	サラ系3才新馬	芝	1200	1人1着	武豊
95/10/29	東京	いちょうS(オープン)	芝	1600	1人1着	武豊
95/12/3	阪神	GⅠ阪神3歳牝馬S	芝	1600	3人2着	M.キネーン
96/3/2	阪神	GⅢチューリップ賞	芝	1600	2人1着	O.ペリエ
96/5/26	東京	GⅠオークス	芝	2400	1人1着	武豊
96/10/20	京都	GⅠ秋華賞	芝	2000	1人10着	武豊
97/6/22	阪神	GⅢマーメイドS	芝	2000	1人1着	武豊
97/8/17	札幌	GⅡ札幌記念	芝	2000	1人1着	武豊
97/10/26	東京	GⅠ天皇賞(秋)	芝	2000	2人1着	武豊
97/11/23	東京	GⅠジャパンC	芝	2400	2人2着	武豊
97/12/21	中山	GⅠ有馬記念	芝	2500	2人3着	O.ペリエ
98/4/5	阪神	GⅡ産経大阪杯	芝	2000	1人1着	武豊
98/6/21	阪神	GⅡ鳴尾記念	芝	2000	1人2着	武豊
98/7/12	阪神	GⅠ宝塚記念	芝	2200	3人3着	武豊
98/8/23	札幌	GⅡ札幌記念	芝	2000	1人1着	武豊
98/11/15	京都	GⅠエリザベス女王杯	芝	2200	1人3着	横山
98/11/29	東京	GⅠジャパンC	芝	2400	2人2着	横山
98/12/27	中山	GⅠ有馬記念	芝	2500	2人5着	武豊

下の牝馬二冠馬である**メジロドーベル**に完勝した。ただ、11月のエリザベス女王杯では、そのメジロドーベルに敗れてしまう。エアグルーヴが牝馬に先着を許すのは、2年1か月ぶりのことだった。

それでも、次走のジャパンカップで2年連続となる2着に食い込み、力が衰《おとろ》えていないことを証明。年末の有馬記念を最後に引退したが、長期にわたって牡馬相手にGI戦線で安定した成績を残したエアグルーヴの強さは、牝馬の時代が始まりつつあることを、ファンたちに実感させた。

牝馬三冠が可能であることに気付かせた

スティルインラブ

活躍年：02（平成14）〜05（平成17）
性別・毛色：牝、栗毛
血統：父・サンデーサイレンス、母・ブラダマンテ、母父・Roberto

牝馬三冠とは、第一戦の桜花賞、第二戦の優駿牝馬（オークス）、それから第三戦として1970年から1975年まではビクトリアカップ、1976年から1995年まではエリザベス女王杯、それ以降は秋華賞の、3つの3歳牝馬限定GⅠをすべて勝った馬に与えられる称号である。だが、20世紀のあいだ、牝馬三冠を達成したのは1986年の**メジロラモーヌ**ただ1頭だけだった。

そのため、次第にメジロラモーヌの牝馬三冠は、よく言えば奇跡、悪く言えばただの幸運と受け取られるようになっていった。牡馬三冠馬が定期的に出現するのに対し、牝馬三冠馬が出ないのは、牝馬の調教は牡馬より難しく、調子の維持が困難であるからともいわれていたが、明確な原因はわからない。

ともあれ、こうして多くの人が牝馬三冠は夢物語と考えるようになっていた2002年に、**スティルインラブ**はデビューする。11月の新馬戦で2着馬に3

馬身半差をつけて快勝すると、翌2003年の年明け初戦である紅梅《こうばい》ステークスでも勝利を収め、一躍《いちやく》、桜花賞の有力候補となった。

3戦目のチューリップ賞は2着に敗れるが、負けてなお強しの内容で、桜花賞に歩みを進める。しかし、桜花賞当日、わずかの差で1番人気となったのは、オークス、天皇賞（秋）に勝った名牝《めいひん》**エアグルーヴ**を母にもつ超良血馬の**アドマイヤグルーヴ**だった。

レースはこの2頭の一騎打ちと見られていたが、アドマイヤグルーヴはスタートで出遅れてしまい、直線馬群を割って抜け出したスティルインラブが勝利を収める。アドマイヤグルーヴは3着に終わった。続く牝馬三冠二戦目のオークスでも、1番人気アドマイヤグルーヴ、2番人気スティルインラブの人気順は変わらなかったが、ここでもスティルインラブが勝利。いっぽうのアドマイヤグルーヴは7着に惨敗《ざんぱい》した。

これにより、スティルインラブは牝馬二冠を達成した。だが、古くは1975年の**テスコガビー**、比較的近いところでは1993年の**ベガ**など、過去にも牝馬二冠を達成した馬はそれなりにいた。難しいのが、秋の三冠目である。

その心配は的中し、スティルインラブは秋初戦のローズステークスで初めてアドマイヤグルーヴに先着を許し、敗れてしまう。しかも、5着という完敗だった。牝馬三冠達成の前に、暗雲が垂《た》れ込め始めていた。

◆宿敵を三度破り、牝馬三冠を達成

秋華賞本番では、またしても1番人気をアドマイヤグルーヴに譲り、スティルインラブは2番人気となった。当然ながら実績ではGⅠ2勝のスティルインラブが完全に上回っていたが、これは直前のローズステークスでの敗戦のほか、ファンの多くに「牝馬三冠は不可能」という思い込みがあったためだろう。

だが、そんなファンの思い込みをよそに、レースではスティルインラブがアドマイヤグルーヴの猛追をしのぎ切り、1着でゴールした。メジロラモーヌ以来、日本競馬史上2頭目となる三冠牝馬が誕生したのだ。それは大げさに言えば、歴史が動いた瞬間だった。

　スティルインラブは4歳、5歳と古馬になっても現役を続行したが、秋華賞制覇後は1勝も挙げることなく引退。早熟だったともいえるが、三冠達成で力

スティルインラブ　トータル成績 16戦5勝(5-2-1-8)

日付	開催	レース	芝/ダ	距離	人気・着順	騎手
02/11/30	阪神	サラ系2歳新馬	芝	1400	1人1着	幸
03/1/19	京都	紅梅S(オープン)	芝	1400	2人1着	幸
03/3/8	阪神	GⅢチューリップ賞	芝	1600	1人2着	幸
03/4/13	阪神	GⅠ桜花賞	芝	1600	2人1着	幸
03/5/25	東京	GⅠオークス	芝	2400	2人1着	幸
03/9/21	阪神	GⅡローズS	芝	2000	1人5着	幸
03/10/19	京都	GⅠ秋華賞	芝	2000	2人1着	幸
03/11/16	京都	GⅠエリザベス女王杯	芝	2200	1人2着	幸
04/5/29	中京	GⅡ金鯱賞	芝	2000	5人8着	幸
04/6/27	阪神	GⅠ宝塚記念	芝	2200	10人8着	幸
04/7/18	小倉	GⅢ北九州記念	芝	1800	4人12着	幸
04/10/17	東京	GⅢ府中牝馬S	芝	1800	1人3着	幸
04/11/14	京都	GⅠエリザベス女王杯	芝	2200	3人9着	幸
05/5/28	中京	GⅡ金鯱賞	芝	2000	4人6着	幸
05/6/26	阪神	GⅠ宝塚記念	芝	2200	14人9着	幸
05/10/16	東京	GⅢ府中牝馬S	芝	1800	5人17着	幸

を使い果たしたともいえる。

ただ、スティルインラブが牝馬三冠を達成して以降、あれほど長いあいだ出現しなかった三冠牝馬が、**アパパネ**、**ジェンティルドンナ**、**アーモンドアイ**と間《ま》を置かずに出るようになった。これは牝馬の調教技術が上がったためとされている。だが、スポーツの世界では長年実現不可能と考えられていた記録を誰かが破ったとたん、次々と後に続く者が出るのはよくあることだ。

スティルインラブの牝馬三冠達成には、そんな意味もあったのかもしれない。

64年ぶりに牝馬でダービーを勝った

ウオッカ

活躍年：06（平成18）〜10（平成22）
性別・毛色：牝、鹿毛
血統：父・タニノギムレット、母・タニノシスター、母父・ルション

ダービー馬を父にもつ**ウオッカ**は、2006年の新馬戦で3馬身半差の快勝。2戦目は2着に敗れたが、3戦目に2歳女王戦の阪神ジュベナイルフィリーズに出走し、これに勝利したことで早くもGI馬となった。

翌2007年の初戦にも勝ったウオッカは、桜花賞の前哨《ぜんしょう》戦であるチューリップ賞に出走する。ここで、のちに宿命のライバルとなる**ダイワスカーレット**と初めて対戦した。このレースでウオッカはダイワスカーレットに勝ったものの、本番の桜花賞では土をつけられ、2着となってしまう。

ここで陣営は周囲を驚かせる決断をする。ウオッカの次走を、牝馬クラシック第二戦のオークスではなく、牡馬クラシック第二戦であり、すべての競馬関係者が目標としているダービーに決めたのだ。桜花賞を勝ってならまだしも、敗れての挑戦は無謀《むぼう》ともいわれ、競馬関係者からは批判の声も上がった。

ところが、そんな喧騒《けんそう》をよそに、ウオッカは3馬身差の完勝で牡馬たちを打ち破り、ダービー馬となってしまうのである。それは、1937年の**ヒサトモ**、1943年の**クリフジ**に続く史上3頭目のダービー牝馬の誕生であり、64年ぶりの快挙だった。また同時に、日本競馬史上初となる父娘同一GⅠ制覇、父娘ダービー制覇というおまけつきだった。

◆7連敗後に復活し、GⅠ7勝を記録

歴史的快挙を成し遂げたウオッカだったが、そのあとしばらく勝てなくなってしまう。なんと、年をまたいで7連敗を喫《きっ》してしまうのだ。そのうちの秋華賞では、ふたたびダイワスカーレットに敗れ、3着に終わっている。また、この時期のウオッカは5着以下の大敗を喫することも珍しくなくなっていた。

牡馬でも、ダービーを勝つと燃え尽きてしまい、そのあと1勝もできないというケースは少なくない。しかし、ウオッカは2008年6月の安田記念で、ダービー以来1年ぶりの勝利をGⅠで挙げる。さらに、その次に出走した天皇賞（秋）では、5度目であり、最後となったダイワスカーレットとの対決を、

13分間の写真判定の末に制した。見事な復活劇だったが、ウオッカの活躍はこれで終わらなかった。それどころか、ここから第二の本番が始まる。

翌2009年、ライバルのダイワスカーレットは引退したが、ウオッカは現役を続行。ヴィクトリアマイル、安田記念、ジャパンカップとGI勝利を積み重ねていく。安田記念を勝ったときには、当時、**メジロドーベル**が保持していた牝馬GI最多勝利記録の5勝を抜き、GI6勝に。次のジャパンカップに勝ったことで、**ディープインパクト**らと並ぶ、GI7勝のタイ記録を打ち立てた。もちろん7勝は、この時点では牝馬として最多である。

新記録となるGI8勝のチャンスは、引退レースに決めた海外GIドバイワールドカップ、ただ一走だった。だが、ウオッカは同レースを走る前に持病の鼻出血が再発し、引退となってしまう。新記録達成は後輩たちに託《たく》された。

ウオッカの牝馬によるダービー制覇は言うまでもなく偉業《いぎょう》だ。しかし、それだけで終わらず、古馬になってもGIを勝ち続けたことにこそ、この馬の強さと偉大さがある。ちなみに、ウオッカが3歳以降でGI勝ちを収めたのは、すべて府中の東京競馬場だった。そこから「府中の申し子」とも呼ばれた。

ウオッカ　トータル成績 26戦10勝(10-5-3-8)

日付	開催	レース	芝/ダ	距離	人気・着順	騎手
06/10/29	京都	サラ系2歳新馬	芝	1600	2人1着	鮫島
06/11/12	京都	黄菊賞500万下	芝	1800	2人2着	四位
06/12/3	阪神	GⅠ阪神JF	芝	1600	4人1着	四位
07/2/3	京都	エルフィンS(オープン)	芝	1600	1人1着	四位
07/3/3	阪神	JpnⅢチューリップ賞	芝	1600	1人1着	四位
07/4/8	阪神	JpnⅠ桜花賞	芝	1600	1人2着	四位
07/5/27	東京	JpnⅠ日本ダービー	芝	2400	3人1着	四位
07/6/24	阪神	GⅠ宝塚記念	芝	2200	1人8着	四位
07/10/14	京都	JpnⅠ秋華賞	芝	2000	1人3着	四位
07/11/11	京都	GⅠエリザベス女王杯	芝	2200	出走取消	四位
07/11/25	東京	GⅠジャパンC	芝	2400	2人4着	四位
07/12/23	中山	GⅠ有馬記念	芝	2500	3人11着	四位
08/2/23	京都	GⅡ京都記念	芝	2200	2人6着	四位
08/3/29	UAE・ナド・アルシバ	GⅠドバイデューティフリー	芝	1777	発売なし 4着	武豊
08/5/18	東京	JpnⅠヴィクトリアマイル	芝	1600	1人2着	武豊
08/6/8	東京	GⅠ安田記念	芝	1600	2人1着	岩田
08/10/12	東京	GⅡ毎日王冠	芝	1800	1人2着	武豊
08/11/2	東京	GⅠ天皇賞(秋)	芝	2000	1人1着	武豊
08/11/30	東京	GⅠジャパンC	芝	2400	2人3着	岩田
09/3/5	UAE・ナド・アルシバ	GⅡジェベルハッタ	芝	1777	発売なし 5着	武豊
09/3/28	UAE・ナド・アルシバ	GⅠドバイデューティフリー	芝	1777	発売なし 7着	武豊
09/5/17	東京	GⅠヴィクトリアマイル	芝	1600	1人1着	武豊
09/6/7	東京	GⅠ安田記念	芝	1600	1人1着	武豊
09/10/11	東京	GⅡ毎日王冠	芝	1800	1人2着	武豊
09/11/1	東京	GⅠ天皇賞(秋)	芝	2000	1人3着	武豊
09/11/29	東京	GⅠジャパンC	芝	2400	1人1着	C.ルメール
10/3/4	UAE・メイダン	GⅡアルマクトゥーム CR3	AW	2000	発売なし 8着	C.ルメール

ウオッカ

生涯一度も2着以内を外さなかった
ダイワスカーレット

活躍年：06（平成18）〜08（平成20）
性別・毛色：牝、栗毛
血統：父・アグネスタキオン、母・スカーレットブーケ、母父・ノーザンテースト

ダイワスカーレットのことを語る際、同世代の牝馬である**ウオッカ**とのライバル・ストーリーを抜きにして語ることはできないだろう。

無敗の皐月賞馬**アグネスタキオン**を父にもつダイワスカーレットは、2006年11月の新馬戦でデビュー。このとき陣営は当初、武豊《たけゆたか》に騎乗を依頼する予定だったという。だが、武に先約があったため、代わりに安藤勝己《あんどうかつみ》が騎乗することとなった。以後、安藤は引退までの全戦で騎乗を務めることとなる。

この初戦を楽勝したダイワスカーレットは、次戦でも勝ちを収めて連勝。2007年の年明け初戦、牡馬相手の重賞シンザン記念で2着に食い込み、次のチューリップ賞でウオッカと初めて相まみえた。

チューリップ賞でダイワスカーレットはウオッカの2着に敗れるが、これは本番の桜花賞でライバルとなるであろうウオッカの能力を安藤勝己が測ってい

たためともいわれている。その真相はともかく、桜花賞でダイワスカーレットは直線早めに抜け出すと、ウオッカの追撃を抑えて雪辱《せつじょく》を果たした。

牝馬クラシック第一戦の桜花賞を制したダイワスカーレットは、オークスに歩みを進めようとしたが、感冒《かんぼう》により無念の回避となってしまった。

やがて秋に入り、ローズステークスに勝利したダイワスカーレットは、牝馬クラシック第三戦の秋華賞で、牝馬ながらダービー馬となっていたウオッカと3度目の対戦を迎えた。そして、この勝負もダイワスカーレットに軍配が上がり、ライバルに勝ち星を先行させるとともに、牝馬二冠を達成する。

その後、古馬牝馬との初対戦となったエリザベス女王杯でも勝利を収め、GI3勝馬となったダイワスカーレットは、年末の有馬記念でウオッカと4度目の激突をする。このレースでダイワスカーレットは2着となり、レース自体に勝つことはできなかったが、ウオッカには先着した。

翌2008年の天皇賞（秋）でウオッカとの最後の戦いに臨んだダイワスカーレットは、直線でウオッカと熾烈《しれつ》な争いをくり広げた末、わずか2センチ差で2着となり、涙を呑《の》んだ。こうして、2年弱にわたるライバル・ストーリーは終わりを告げ、ダイワスカーレットは次走の有馬記念で有終の美を飾る勝利を果たすと、GI4勝の実績を残して引退した。

◆宿命のライバルは、どちらが強かったのか

ところで、ダイワスカーレットとウオッカのどちらが強かったのかについては、いまでもよく競馬ファンのあいだで議論になるものだ。

2頭の直接対決の成績は、3勝2敗でダイワスカーレットの勝ち越しとなっている。ただ、直接対決のうち2007年の有馬記念は、ダイワスカーレット2着、ウオッカ11着という結果であり、どちらもレースに勝ったわけではない。これを引き分けと見れば、2頭の成績は2勝2敗1分で互角となる。

他の観点で比べてみると、ウオッカは勝つときは鮮《あざ》やかだったが負けるときは意外と脆《もろ》く、惨敗を喫することもあった。いっぽう、ダイワスカーレットは生涯一度も2着以内を外さなかったという抜群の安定感を誇っている。ダイワスカーレットの12戦連続連対という記録は中央競馬の牝馬としては最多で、牡馬を交《まじ》えても**シンザン**の19、**ビワハヤヒデ**の15に次ぐ記録だ。また、ウオッカ

ダイワスカーレット　トータル成績 12戦8勝(8-4-0-0)

日付	開催	レース	芝/ダ	距離	人気・着順	騎手
06/11/19	京都	サラ系2歳新馬	芝	2000	1人1着	安藤
06/12/16	中京	中京2歳S(オープン)	芝	1800	1人1着	安藤
07/1/8	京都	JpnⅢシンザン記念	芝	1600	1人2着	安藤
07/3/3	阪神	JpnⅢチューリップ賞	芝	1600	2人2着	安藤
07/4/8	阪神	JpnⅠ桜花賞	芝	1600	3人1着	安藤
07/9/16	阪神	JpnⅡローズS	芝	1800	1人1着	安藤
07/10/14	京都	JpnⅠ秋華賞	芝	2000	2人1着	安藤
07/11/11	京都	GⅠエリザベス女王杯	芝	2200	1人1着	安藤
07/12/23	中山	GⅠ有馬記念	芝	2500	5人2着	安藤
08/4/6	阪神	GⅡ産経大阪杯	芝	2000	1人1着	安藤
08/11/2	東京	GⅠ天皇賞(秋)	芝	2000	2人2着	安藤
08/12/28	中山	GⅠ有馬記念	芝	2500	1人1着	安藤

は東京競馬場で無類の強さを発揮したが、ダイワスカーレットは阪神、京都、中山と異なる3つの競馬場でGI勝ちを収めている。

結局、どちらを強いと見るかは、その人の競馬に対する価値観によるのだろう。安藤勝己はのちに自身のツイッターで、「ダイワスカーレットはウオッカよりも、持っとる能力がかなり上やったと思うわ。贔屓目《ひいきめ》でも何でもなく」と呟《つぶや》いている。ただ、これを贔屓目と見るか見ないかもファンによって分かれるはずだ。やはり、この議論は永遠のテーマである。

19連続1番人気記録保持者
ブエナビスタ

活躍年：08（平成20）〜11（平成23）
性別・毛色：牝、黒鹿毛
血統：父・スペシャルウィーク、母・ビワハイジ、母父・Caerleon

ブエナビスタは、ダービー、春・秋の天皇賞、ジャパンカップに勝った**スペシャルウィーク**と、阪神ジュベナイルフィリーズの勝ち馬**ビワハイジ**のあいだに生まれた仔《こ》だ。２００８年10月の新馬戦でデビューを果たした。この新馬戦には、のちの皐月賞馬**アンライバルド**や、菊花賞馬**スリーロールス**などメンバーが揃《そろ》っていたが、ブエナビスタは1番人気に支持され、3着と健闘した。

次戦の未勝利戦を難なく勝ち上がったブエナビスタは、阪神ジュベナイルフィリーズに出走。これに勝利したことで、同一ＧＩ母娘制覇を達成した。

年明けのチューリップ賞を勝つと、桜花賞も制し、ＧＩ2連勝となる。続けてオークスに出走。桜花賞2着の**レッドディザイア**との接戦を写真判定の末に制し、二冠牝馬となった。このころのブエナビスタは、後方から一気に追い上げる戦法から「女ディープインパクト」とも呼ばれるようになっていた。

その後、3歳での凱旋門賞挑戦というプランもあったが、陣営は、年内は国内に専念して三冠牝馬を目指すことを選択。ところが、その三冠目の秋華賞では春の二冠で退《しりぞ》けてきたレッドディザイアに雪辱を果たされ、2着。さらに、走行妨害があったとして3着に降着されてしまう。続くエリザベス女王杯でも、人気薄馬の大逃げを捕まえきれず、3着に終わってしまった。

惜敗《せきはい》の続いていたブエナビスタだったが、年末の有馬記念でもデビュー以来維持していた1番人気の座を守った。同レースには、GI勝ちの実績をもつ年長の牡馬も出走しており、近走の勝ち切れないレースぶりも考えれば、かつてならブエナビスタが1番人気にはならなかった可能性は高い。

だが、ウオッカやダイワスカーレットといった近年の牝馬の活躍から、「牝馬は強い」という認識がファンのあいだに浸透していたのである。もっとも、レースでのブエナビスタは、またしても2着に惜敗した。

◆1年越しで無念を晴らし、ジャパンカップでも父娘同一GI制覇

翌2010年2月の京都記念でオークス以来となる勝利を挙げたブエナビス

タは、次に海外GIのドバイシーマクラシックに挑戦。ここで2着となり、帰国後に出走したヴィクトリアマイルに勝って、4つ目のGI勝利を獲得する。同年10月には天皇賞（秋）にも勝ち、父娘同一GI制覇を果たした。次走のジャパンカップでも、ブエナビスタは2つ目の父娘同一GI制覇を目指した。だが、1位で入線したものの、走行妨害があったとして2着に降着となってしまう。GIで2度の降着処分を受けたのは、ブエナビスタが史上初である。

年末の有馬記念も2着で終わったブエナビスタは、2011年3月にドバイワールドカップに出走するが、8着となり、生涯初めて4着以下を経験。帰国後のヴィクトリアマイル、宝塚記念も2着で勝ち切れないレースが続き、天皇賞（秋）では国内のレースでは初めて3着以内を外し、4着となった。

その結果、次走のジャパンカップでは2番人気になってしまい、ブエナビスタは初めて1番人気以外でレースを走ることとなる。これにより、デビュー以来の国内19戦連続1番人気の記録は途《と》絶《だ》えた。ただ、無敵の快進撃を続けてきたわけではないブエナビスタが、そこまで1番人気を守ってきたというのは、逆説的にこの馬の人気と評価の高さを物語っている。

ブエナビスタ　トータル成績 23戦9勝(9-8-3-3)

日付	開催	レース	芝/ダ	距離	人気・着順	騎手
08/10/26	京都	サラ系2歳新馬	芝	1800	1人3着	安藤
08/11/15	京都	サラ系2歳未勝利	芝	1600	1人1着	安藤
08/12/14	阪神	JpnⅠ阪神JF	芝	1600	1人1着	安藤
09/3/7	阪神	JpnⅢチューリップ賞	芝	1600	1人1着	安藤
09/4/12	阪神	JpnⅠ桜花賞	芝	1600	1人1着	安藤
09/5/24	東京	JpnⅠオークス	芝	2400	1人1着	安藤
09/8/23	札幌	GⅡ札幌記念	芝	2000	1人2着	安藤
09/10/18	京都	GⅠ秋華賞	芝	2000	1人3着	安藤
09/11/15	京都	GⅠエリザベス女王杯	芝	2200	1人3着	安藤
09/12/27	中山	GⅠ有馬記念	芝	2500	1人2着	横山
10/2/20	京都	GⅡ京都記念	芝	2200	1人1着	横山
10/3/27	UAE・メイダン	GⅠドバイシーマクラシック	芝	2410	発売なし 2着	O.ペリエ
10/5/16	東京	GⅠヴィクトリアマイル	芝	1600	1人1着	横山
10/6/27	阪神	GⅠ宝塚記念	芝	2200	1人2着	横山
10/10/31	東京	GⅠ天皇賞(秋)	芝	2000	1人1着	C.スミヨン
10/11/28	東京	GⅠジャパンC	芝	2400	1人2着	C.スミヨン
10/12/26	中山	GⅠ有馬記念	芝	2500	1人2着	C.スミヨン
11/3/26	UAE・メイダン	GⅠドバイワールドC	AW	2000	発売なし 8着	R.ムーア
11/5/15	東京	GⅠヴィクトリアマイル	芝	1600	1人2着	岩田
11/6/26	阪神	GⅠ宝塚記念	芝	2200	1人2着	岩田
11/10/30	東京	GⅠ天皇賞(秋)	芝	2000	1人4着	岩田
11/11/27	東京	GⅠジャパンC	芝	2400	2人1着	岩田
11/12/25	中山	GⅠ有馬記念	芝	2500	2人7着	岩田

そして、生涯初の2番人気となったこのジャパンカップでブエナビスタは、前年の降着の無念を晴らして勝利。GⅠ6勝目を挙げるとともに、1年越しでジャパンカップでも父娘同一GⅠ制覇を果たすのである。

次走の有馬記念は7着となり、ブエナビスタは引退する。19戦連続1番人気はJRA史上最多だ。その1番人気での成績は19戦8勝と勝率5割未満だが、JRA・GⅠ連対12回は史上最多の記録である。

GⅠで1着同着の強運の星

アパパネ

活躍年：09（平成21）～12（平成24）
性別・毛色：牝、鹿毛
血統：父・キングカメハメハ、母・ソルティビッド、母父・Salt Lake

アパパネは2009年7月の新馬戦でデビューしたが、この初戦は馬場状態が合わず、3着に敗れた。だが、放牧《ほうぼく》を挟んで出走した10月の未勝利戦を勝ち上がると、次走は2歳コースレコードを0秒1上回るタイムで快勝。その勢いのまま阪神ジュベナイルフィリーズに出走し、3連勝でGⅠ馬となった。

年が明けて2010年初戦のチューリップ賞は2着となり、連勝は途切れたが、1番人気に支持された桜花賞ではレースレコードを0秒2更新するタイムで勝利。牝馬クラシックの一冠目を獲得した。次にアパパネは二冠目を目指してオークスに出走する。そのオークスは日本の競馬史に残るレースとなった。

当日1番人気に支持されていたアパパネは、直線に入ると追い上げを開始。すると、5番人気の**サンテミリオン**も追走してきた。残り200メートルとなったところで、完全にレースは2頭だけの勝負になり、いったんアパパネが抜け出したが、サンテミリオンが盛り返したところがゴールだった。

アパパネに騎乗していた蛯《えび》名《な》正義《まさよし》は負けたと思い、サンテミリオンに騎乗していた横山典弘《よこやまのりひろ》に「おめでとう」と声をかけたという。だが、12分間にも及んだ写真判定の結果は同着であった。中央競馬のGⅠで1着同着となったのは、これが初めてである。こうして、この年はオークス馬が2頭誕生した。

GⅠでの1着同着は、もちろんアパパネに力があったゆえのことだ。ただ、2400メートルを走ってきて最後の最後にゴールした瞬間、着差がまったくないというのは運の要素も強い。強運の星の下に生まれたというほかない。

ちなみに、1992年に地方重賞の帝王賞で**ラシアンゴールド**と**ナリタハヤブサ**が1着同着になるということがあったが、このときラシアンゴールドに騎乗していたのは蛯名であり、ナリタハヤブサに騎乗していたのは横山だった。同じ騎手同士の組み合わせで2回も1着同着が起きたのは稀有《けう》な事例である。

◆三冠牝馬が古馬になっても勝てることを証明

オークスは同着だったものの、ともあれ牝馬二冠を達成したアパパネは三冠を目指し、秋に入るとローズステークスで復帰。だが、調整不足もあって4着に終わってしまった。しかし、このあと急ピッチで調子を取り戻して秋華賞を勝ち、史上3頭目となる牝馬三冠の偉業を達成した。

次にアパパネはGI5勝目を目指して11月のエリザベス女王杯に出走する。だが、このレースではイギリスからやってきた同世代の外国馬**スノーフェアリー**に5馬身以上離された3着に敗れてしまう。スノーフェアリーはこの年、イギリスとアイルランドのオークスを制覇しており、この時期、世界最強牝馬の1頭と目《もく》されていた。世界は広く、上には上がいたのだ。

アパパネは4歳となった2011年も現役を続行。春初戦は4着に敗れたものの、次走のヴィクトリアマイルに勝ち、GI5勝目を挙げる。ここでの勝利は前年の牝馬二冠馬**ブエナビスタ**を破ってのものという意味でも価値があったが、それ以上に、牝馬三冠後に挙げた勝利という点で重い価値があった。

この勝利を最後にアパパネは勝ち星を挙げることなく、翌年引退する。しかし、過去の牝馬三冠馬の**メジロラモーヌ**と**スティルインラブ**は、三冠達成後はGI勝ちどころか1勝もすることなく引退しているのだ。それはまさに、燃え

アパパネ　トータル成績 19戦7勝(7-1-3-8)

日付	開催	レース	芝/ダ	距離	人気・着順	騎手
09/7/5	福島	サラ系2歳新馬	芝	1800	3人3着	蛯名
09/10/31	東京	サラ系2歳未勝利	芝	1600	3人1着	蛯名
09/11/15	東京	赤松賞500万下	芝	1600	3人1着	蛯名
09/12/13	阪神	JpnⅠ阪神JF	芝	1600	2人1着	蛯名
10/3/6	阪神	GⅢチューリップ賞	芝	1600	1人2着	蛯名
10/4/11	阪神	GⅠ桜花賞	芝	1600	1人1着	蛯名
10/5/23	東京	GⅠオークス	芝	2400	1人1着	蛯名
10/9/19	阪神	GⅡローズS	芝	1800	1人4着	蛯名
10/10/17	京都	GⅠ秋華賞	芝	2000	1人1着	蛯名
10/11/14	京都	GⅠエリザベス女王杯	芝	2200	1人3着	蛯名
11/4/17	阪神	GⅡマイラーズC	芝	1600	4人4着	蛯名
11/5/15	東京	GⅠヴィクトリアマイル	芝	1600	2人1着	蛯名
11/6/5	東京	GⅠ安田記念	芝	1600	1人6着	蛯名
11/10/16	東京	GⅡ府中牝馬S	芝	1800	1人14着	蛯名
11/11/13	京都	GⅠエリザベス女王杯	芝	2200	4人3着	蛯名
11/12/11	香港・沙田	GⅠ香港マイル	芝	1600	9人13着	蛯名
12/4/7	阪神	GⅡ阪神牝馬S	芝	1400	3人7着	岩田
12/5/13	東京	GⅠヴィクトリアマイル	芝	1600	1人5着	蛯名
12/6/3	東京	GⅠ安田記念	芝	1600	4人16着	蛯名

尽きたという印象を残すものだった。

だが、アパパネが三冠達成後もGⅠを勝ったことで、牝馬三冠も通過点にすぎなくなった。その証拠に、アパパネの後に三冠牝馬となった馬の多くは古馬になってからもGⅠ勝ちを積み重ねている。

もちろんこれは、調教技術が上がったことが大きい。しかし、アパパネが競馬の「常識」のひとつを打ち破ったことで、意識が変わったという側面もあるだろう。

いくつもの「史上初」を積み重ねた
ジェンティルドンナ

活躍年：11（平成23）～14（平成26）
性別・毛色：牝、鹿毛
血統：父・ディープインパクト、母・ドナブリーニ、母父・Bertolini

ジェンティルドンナは2011年11月の新馬戦で2着に敗れたが、次走の未勝利戦で勝利。すると陣営は翌2012年の年明け初戦で、いきなり牡馬相手の重賞シンザン記念への出走を決めた。陣営には十分な勝算があったのだ。その期待に応《こた》え、ジェンティルドンナは見事、重賞初制覇を果たした。

次走は体調不良もあって4着に敗れたものの、そこから無敗街道が始まり、桜花賞、オークスと連勝。秋初戦のローズステークスにも勝ったあと秋華賞にも勝ち、史上4頭目となる牝馬三冠を達成した。また、三冠馬の父から生まれた三冠馬という父娘三冠は日本競馬史上初となる偉業でもあった。

このあと、ジェンティルドンナはジャパンカップに出走する。同レースには前年の牡馬三冠馬で当時敵なしだった**オルフェーヴル**も参戦しており、三冠牝馬とはいえ勝ち目は薄いと思われていた。そもそも、3歳牝馬がジャパンカップを勝ったことも一度もない。そのため、当日は3番人気に留《とど》まった。

しかし、ジェンティルドンナはオルフェーヴルとの直線での激しい競り合いを制して、勝利を収めるのである。牝馬三冠馬が牡馬の混じったGⅠを制覇するのは史上初。日本競馬の歴史にまた新たな1ページが加わった瞬間だった。

もっとも、ジェンティルドンナのこの勝利は、すんなり決まったわけではない。直線でジェンティルドンナはオルフェーヴルにぶつかり、弾《はじ》き飛ばすようにして進路をこじ開けていた。そのことを裁定するため20分間も審議が続いたのである。だが、結果的には降着にはならず、勝利が確定する。

この裁定は、当然ながらオルフェーヴル陣営には不満を残した。ただ、ことの是非《ぜひ》を別にすれば、古馬の牡馬と、それも最強馬であるオルフェーヴルと馬体をぶつけながらも怯《ひる》むことなく走り続け、勝利を手にしたという事実はジェンティルドンナの尋常《じんじょう》でない強さを物語っている。

◆牡馬もできなかったジャパンカップの連覇

2013年、4歳となったジェンティルドンナは海外GⅠのドバイシーマクラシックに出走するが2着に敗れ、桜花賞以来続いていた連勝は5で止まった。帰国後は宝塚記念と天皇賞（秋）で3着、2着と惜敗《せきはい》が続く。

しかし、11月にジャパンカップに出走すると、ジェンティルドンナは1年ぶりの勝利を挙げる。今度は誰にも文句を言わせない勝ち方だった。さらに、ジャパンカップの連覇というのは、同レースが1981年に創設されて以来、牡馬を含めても1頭もおらず、これが史上初の快挙だった。ジェンティルドンナに「史上初」の勲章がまたひとつ加わったのである。

翌2014年、5歳となったジェンティルドンナは現役を続行。3月には、ふたたびドバイシーマクラシックに挑戦し、これに勝って前年の悔しさを晴らした。ここまで積み重ねたGI勝ちは6。ここまで来ると、ジェンティルドンナなら前人未到のGI7勝超えも夢ではないとファンの多くは信じた。

ところが、GI7勝超えの目に見えない壁は厚かったのか、ジェンティルドンナは宝塚記念、天皇賞（秋）と連敗し、三連覇を目指して出走したジャパンカップでも4着に沈んでしまう。

ジェンティルドンナには、このジャパンカップを走って引退というプランも

ジェンティルドンナ　トータル成績 19戦10勝(10-4-1-4)

日付	開催	レース	芝/ダ	距離	人気・着順	騎手
11/11/19	京都	サラ系2歳新馬	芝	1600	1人2着	M.デムーロ
11/12/10	阪神	サラ系2歳未勝利	芝	1600	1人1着	I.メンディザバル
12/1/8	京都	GIIIシンザン記念	芝	1600	2人1着	C.ルメール
12/3/3	阪神	GIIIチューリップ賞	芝	1600	2人4着	岩田
12/4/8	阪神	GI桜花賞	芝	1600	2人1着	岩田
12/5/20	東京	GIオークス	芝	2400	3人1着	川田
12/9/16	阪神	GIIローズS	芝	1800	1人1着	岩田
12/10/14	京都	GI秋華賞	芝	2000	1人1着	岩田
12/11/25	東京	GIジャパンC	芝	2400	3人1着	岩田
13/3/30	UAE・メイダン	GIドバイシーマクラシック	芝	2410	1人2着	岩田
13/6/23	阪神	GI宝塚記念	芝	2200	1人3着	岩田
13/10/27	東京	GI天皇賞(秋)	芝	2000	1人2着	岩田
13/11/24	東京	GIジャパンC	芝	2400	1人1着	R.ムーア
14/2/16	京都	GII京都記念	芝	2200	1人6着	福永
14/3/29	UAE・メイダン	GIドバイシーマクラシック	芝	2410	2人1着	R.ムーア
14/6/29	阪神	GI宝塚記念	芝	2200	3人9着	川田
14/11/2	東京	GI天皇賞(秋)	芝	2000	2人2着	戸崎
14/11/30	東京	GIジャパンC	芝	2400	1人4着	R.ムーア
14/12/28	中山	GI有馬記念	芝	2500	4人1着	戸崎

あったが、このままでは終われないと考えた陣営は、もう一走することに決め、有馬記念での引退を表明する。その有馬記念でジェンティルドンナは4番人気と、これまでにない低い支持となった。

だが、そんな薄情《はくじょう》なファンをあざ笑うかのようにジェンティルドンナは勝利。そして、牝馬としては初めて、東京、中山、京都、阪神の4つの中央競馬場でGI勝利を挙げたという「史上初」の記録を残して去っていった。

前人未到の国内外芝GIレース9勝

アーモンドアイ

活躍年：17（平成29）～20（令和2）
性別・毛色：牝、鹿毛
血統：父・ロードカナロア、母・フサイチパンドラ、母父・サンデーサイレンス

２０１９年に元号は平成から令和へと変わった。このふたつの元号をまたいで活躍し、日本競馬史上に残る偉業を達成したのが**アーモンドアイ**である。

アーモンドアイは２０１７年８月の新馬戦でデビュー。ここは2着に終わったが、約2か月後の未勝利戦を圧勝すると、年明け２０１８年の初戦としてシンザン記念に出走。牡馬を打ち破って、重賞初制覇を遂《と》げた。

このあと、ステップレースを挟まずに桜花賞に直行する。余計なレースには出ず、GIの大レースにだけポイントを絞って出走するというのが、ここからアーモンドアイの戦略となった。無駄な消耗を嫌ったのだ。

その狙いは成功し、桜花賞、オークスとGIを連勝して二冠を達成。三冠目を目指す秋も、秋華賞に直行した。これまでの牝馬三冠馬はすべて前哨戦のローズステークスを経由していたため、オークスからの直行を懸念《けねん》する声もあっ

たが、その杞憂《きゆう》をよそにアーモンドアイは完勝を収め、三冠牝馬となった。ちなみに、牡牝合わせてもデビューから6戦での三冠達成は最少キャリアだ。

こうして史上5頭目の三冠牝馬となったアーモンドアイだったが、もはや牝馬三冠は日本競馬界にとって、ひとつの通過点にすぎなかった。

陣営は普通のことのように、次走に年上の牡馬との対戦となるジャパンカップを選択。このレースを、従来のJRAレコードを1・5秒も上回る2分20秒6という驚愕《きようがく》のタイムで勝つのである。それは、JRAレコードに留まらず、芝2400メートルの世界記録を更新するものでもあった。

◆三冠馬3頭が対峙《たいじ》した「世紀の一戦」

2019年、4歳になったアーモンドアイは、年明け初戦として海外GIのドバイターフに出走。約4か月ぶりのレースだったが、完勝する。帰国後、6月の安田記念に出走。このとき元号は令和となっていた。このレースでアーモンドアイは圧倒的1番人気となったが、スタートの不利もあり、3着に終わる。

だが、秋の始動戦となった天皇賞（秋）で、2着に3馬身差をつけて圧勝。

ＧＩ勝ちを6とした。次に歴代最多タイ記録となるＧＩ７勝を目指して、アーモンドアイは年末の有馬記念に出走したものの、ここでは9着に大敗してしまう。この年は少し順調さを欠いたが、それでもＧＩ２勝を上積みしている。

翌２０２０年の年明け初戦も前年と同じドバイターフが選ばれ、アーモンドアイは渡航。ところが、新型コロナウイルスの影響でレース自体が中止となってしまう。それでも、アーモンドアイはそんなローテーションの乱れを苦にせず、帰国後のヴィクトリアマイルを楽勝。７つ目のＧＩをあっさり獲得した。

これで、あとは新記録となるＧＩ８勝の記録を達成できるかどうかに、周囲の関心は集中した。それがプレッシャーになったわけではないだろうが、次走の安田記念ではスタートで出遅れて2着となり、新記録達成はお預けとなった。

だが、天皇賞（秋）でアーモンドアイは、ついに国内外芝ＧＩ８勝の新記録を樹立した。**シンボリルドルフ**、**テイエムオペラオー**、**ディープインパクト**、**ウオッカ**、**ジェンティルドンナ**、**キタサンブラック**という歴代の最強馬たちが、どうしても越えられなかった壁を越えたのである。

アーモンドアイの偉業はこれで終わらなかった。11月のジャパンカップに引

アーモンドアイ　トータル成績 15戦11勝(11-2-1-1)

日付	開催	レース	芝/ダ	距離	人気・着順	騎手
17/8/6	新潟	サラ系2歳新馬	芝	1400	1人2着	C.ルメール
17/10/8	東京	サラ系2歳未勝利	芝	1600	1人1着	C.ルメール
18/1/8	京都	GⅢシンザン記念	芝	1600	1人1着	戸崎
18/4/8	阪神	GⅠ桜花賞	芝	1600	2人1着	C.ルメール
18/5/20	東京	GⅠオークス	芝	2400	1人1着	C.ルメール
18/10/14	京都	GⅠ秋華賞	芝	2000	1人1着	C.ルメール
18/11/25	東京	GⅠジャパンC	芝	2400	1人1着	C.ルメール
19/3/30	UAE・メイダン	GⅠドバイターフ	芝	1800	1人1着	C.ルメール
19/6/2	東京	GⅠ安田記念	芝	1600	1人3着	C.ルメール
19/10/27	東京	GⅠ天皇賞(秋)	芝	2000	1人1着	C.ルメール
19/12/22	中山	GⅠ有馬記念	芝	2500	1人9着	C.ルメール
20/5/17	東京	GⅠヴィクトリアマイル	芝	1600	1人1着	C.ルメール
20/6/7	東京	GⅠ安田記念	芝	1600	1人2着	C.ルメール
20/11/1	東京	GⅠ天皇賞(秋)	芝	2000	1人1着	C.ルメール
20/11/29	東京	GⅠジャパンC	芝	2400	1人1着	C.ルメール

退レースとして出走。このレースには同年の無敗の牡馬三冠**コントレイル**と無敗の牝馬三冠馬**デアリングタクト**も参戦を表明しており、史上初の三冠馬3頭による戦いは「世紀の一戦」として世間の注目を集めた。そして、ここでアーモンドアイは年下の三冠馬2頭を破り、GⅠ9勝という前人未到の記録を打ち立てるのだ。

――平成の終わりに現れ、令和の幕開けを飾ったアーモンドアイ。この馬を超えることが、これからの日本競馬界の新たな目標となっていくのだろう。

平成の年度代表馬(JRA賞)一覧…2000〜2009

年	受賞馬	性・齢	年度成績と主な勝ち鞍
2000 (平成12)	テイエム オペラオー	牡4	8戦8勝: 天皇賞(春)、宝塚記念、天皇賞(秋)、 ジャパンカップ、有馬記念
2001 (平成13)	ジャングル ポケット	牡3	6戦3勝: 日本ダービー、ジャパンカップ
2002 (平成14)	シンボリ クリスエス	牡3	10戦5勝:天皇賞(秋)、有馬記念
2003 (平成15)	シンボリ クリスエス	牡4	4戦2勝:天皇賞(秋)、有馬記念
2004 (平成16)	ゼンノロブロイ	牡4	7戦3勝: 天皇賞(秋)、ジャパンカップ、 有馬記念
2005 (平成17)	ディープ インパクト	牡3	7戦6勝: 3歳クラシック三冠(皐月賞、日本ダービー、菊花賞)
2006 (平成18)	ディープ インパクト	牡4	6戦5勝【中央5戦5勝、海外1戦0勝】: 天皇賞(春)、宝塚記念、 ジャパンカップ、有馬記念
2007 (平成19)	アドマイヤムーン	牡4	6戦4勝【中央4戦3勝、海外2戦1勝】: ジャパンカップ、宝塚記念、 ドバイデューティーフリー
2008 (平成20)	ウオッカ	牝4	7戦2勝【中央6戦2勝、海外1戦0勝】: 安田記念、天皇賞(秋)
2009 (平成21)	ウオッカ	牝5	7戦3勝【中央5戦3勝、海外2戦0勝】: ヴィクトリアマイル、安田記念、 ジャパンカップ

3章 新たな地平を切り拓いた先駆者たち

第二次競馬ブームを起こした希代《きたい》のアイドルホース・オグリキャップ、日本馬として36年ぶりに海外重賞を獲ったフジヤマケンザン、中央と地方の架け橋となったライデンリーダー、世界制覇の足がかりを作ったエルコンドルパサー……。平成の競馬界を席巻《せっけん》し、観る者の胸を躍《おど》らせた名馬たちの激闘譜。

競馬場の景色を完全に変えた

オグリキャップ

活躍年：87（昭和62）～90（平成2）
性別・毛色：牡、芦毛
血統：父・ダンシングキャップ、母・ホワイトナルビー、
母父・シルバーシャーク

地方の笠松《かさまつ》競馬でデビューした**オグリキャップ**は、そこで12戦10勝という好成績を収め、明け3歳となった1988年に中央競馬に移籍。初戦を快勝すると、以後も連勝を続けて注目を集めるようになり、移籍4戦目のNZT4歳ステークスを7馬身差で圧勝したことで、その人気は爆発的なものとなった。

地方出身で血統も地味なオグリキャップが、中央のエリート馬たちを打ち破り続けるというわかりやすい物語が、競馬ファンの心をとらえたのである。そして同年暮れ、3歳で有馬記念を制覇したことでオグリキャップ人気は競馬ファンに留《とど》まらない全国的なものとなり、それに伴い第二次競馬ブームが沸《わ》き起こった（第一次競馬ブームは**ハイセイコー**の活躍した1970年代前半）。

それまでの競馬場といえば中高年男性のためのギャンブル場という雰囲気《ふんいき》だったが、このブームによって競馬場に若い客が詰めかけるようになり、とくに

女性ファンが増加。競馬場の景色は激変した。また、オグリキャップのぬいぐるみが発売されると大人気となり、数十億円を売り上げるまでとなった。

◆「永遠の神話」となった引退レースでの奇跡

平成の始まった1989年の前半をオグリキャップは休養に充《あ》てたが、9月に入るとオールカマーで復帰。そこから、毎日王冠、天皇賞（秋）、マイルチャンピオンシップ、ジャパンカップ、有馬記念に出走し、4か月間で重賞6戦という近代日本競馬では異例かつ過酷《かこく》なローテーションを突き進んだ。

とくに、マイルチャンピオンシップとジャパンカップの間隔は1週間しかなく、この連闘は物議《ぶつぎ》をかもし、批判も多かった。だが、そのジャパンカップでオグリキャップは当時の芝2400メートルの世界レコードである2分22秒2という驚異的なタイムで2着に入り、人々の度肝《どぎも》を抜く。

この常識外れのローテーションを戦い抜いたことで、オグリキャップは「芦《あし》毛《げ》の怪物」とも呼ばれるようになった。同時にこの時期、**イナリワン**、**スーパークリーク**というライバルと何度も激闘をくり広げたことで競馬ブームはさらに過熱。3頭は「平成三強」と呼ばれるようになった。

そんなオグリキャップは1990年も現役を続行し、春は好調だったものの、秋に入ると6着、11着と、それまでにない惨敗《ざんぱい》をくり返すようになる。

この状況に関係者やファンからは「オグリキャップは、もう限界だから引退するべきだ」という声が大きくなった。オグリキャップを「落ちた偶像《ぐうぞう》」などと言う者もいた。さらには、馬主に脅迫状が届くという事件も起きた。スターホースの惨《みじ》めな姿を多くの人々は見たくなかったのだ。

そこで陣営は、同年暮れの有馬記念を引退レースに決める。オグリキャップはファン投票では1位に選出されたものの、当日の単勝オッズでは4番人気だった。ようするに、心情的には応援するが、ほとんどの人は勝つとは思っていなかったのだ。ところが、この引退レースでオグリキャップはスローペースの道中を6番手で進むと、直線に入ってから先頭に躍《おど》り出て、そのまま勝ち切ってしまうのである。日本競馬史上に残る奇跡の復活勝利に、日本中が歓喜に沸いた。――フィクションだったら出来すぎと批判されそうな結末だが、こうしてオグリキャップの物語は永遠の神話となった。

オグリキャップ　トータル成績 32戦22勝(22-6-1-3)

日付	開催	レース	芝/ダ	距離	人気・着順	騎手
87/5/19	笠松	サラ系3才新馬	ダ	800	2人2着	青木
87/6/2	笠松	サラ系3才イ	ダ	800	1人1着	加藤
87/6/15	笠松	サラ系3才イ	ダ	800	1人1着	青木
87/7/26	笠松	サラ系3才イ	ダ	800	1人2着	加藤
87/8/12	笠松	サラ系3才イ	ダ	800	1人1着	加藤
87/8/30	笠松	秋風ジュニア イ	ダ	1400	1人1着	安藤
87/10/4	笠松	ジュニアクラウン	ダ	1400	1人1着	安藤
87/10/14	中京	中京盃	芝	1200	1人1着	安藤
87/11/4	名古屋	中日スポ杯	ダ	1400	1人1着	安藤
87/12/7	笠松	師走特別B2	ダ	1600	1人1着	安藤
87/12/29	笠松	ジュニアGP	ダ	1600	1人1着	安藤
88/1/10	笠松	ゴールドジュニア	ダ	1600	1人1着	安藤
88/3/6	阪神	GⅢペガサスS	芝	1600	2人1着	河内
88/3/27	阪神	GⅢ毎日杯	芝	2000	1人1着	河内
88/5/8	京都	GⅢ京都4歳特別	芝	2000	1人1着	南井
88/6/5	東京	GⅡニュージーランドT4歳S	芝	1600	1人1着	河内
88/7/10	中京	GⅡ高松宮杯	芝	2000	1人1着	河内
88/10/9	東京	GⅡ毎日王冠	芝	1800	1人1着	河内
88/10/30	東京	GⅠ天皇賞(秋)	芝	2000	1人2着	河内
88/11/27	東京	GⅠジャパンC	芝	2400	3人3着	河内
88/12/25	中山	GⅠ有馬記念	芝	2500	2人1着	岡部
89/9/17	中山	GⅢオールカマー	芝	2200	1人1着	南井
89/10/8	東京	GⅡ毎日王冠	芝	1800	1人1着	南井
89/10/29	東京	GⅠ天皇賞(秋)	芝	2000	1人2着	南井
89/11/19	京都	GⅠマイルCS	芝	1600	1人1着	南井
89/11/26	東京	GⅠジャパンC	芝	2400	2人2着	南井
89/12/24	中山	GⅠ有馬記念	芝	2500	1人5着	南井
90/5/13	東京	GⅠ安田記念	芝	1600	1人1着	武豊
90/6/10	阪神	GⅠ宝塚記念	芝	2200	1人2着	岡潤
90/10/28	東京	GⅠ天皇賞(秋)	芝	2000	1人6着	増沢
90/11/25	東京	GⅠジャパンC	芝	2400	4人11着	増沢
90/12/23	中山	GⅠ有馬記念	芝	2500	4人1着	武豊

府中に鳴り響いた「ナカノ」コール

アイネスフウジン

活躍年：89（平成元）～90（平成2）
性別・毛色：牡、黒鹿毛
血統：父・シーホーク、母・テスコパール、母父・テスコボーイ

中野栄治《なかのえいじ》は1971年に騎手デビュー。その端正《たんせい》な騎乗フォームは評価が高かったものの勝ち星は伸びず、GI勝ちもできないまま、いつしか目立たない中堅騎手に落ち着いていた。とくに、80年代に入ってからは体重管理に苦しむようになり、元号が平成へと変わったころには騎乗依頼が激減。引退も視野に入れるようになっていた。

そんなとき、「おまえダービー獲《と》ってみたいだろ？　ウチのに乗ってみないか？」と中野に声をかけたのが、中野の騎手デビューと同じ年に厩舎《きゅうしゃ》を開業した加藤修甫《かとうしゅうほ》調教師だった。こうして、加藤厩舎所属の**アイネスフウジン**と中野のコンビが誕生する。

1989年9月の新馬戦でデビューしたアイネスフウジンは、このレースと次走で2着となり、すんなりとは勝ち上がれなかった。だが、3戦目の未勝利

戦を逃げて勝利を挙げると、12月にＧⅠの朝日杯３歳ステークスに挑戦。未勝利戦を１勝しただけのアイネスウフジンは５番人気に留まったが、前半の１０００メートルを56・９秒という超ハイペースで逃げると、そのままレコードタイムで押し切ってしまう。中野にとっては騎手人生初のＧⅠ制覇となった。

年が明けて１９９０年、初戦の共同通信杯４歳ステークスを１番人気で楽に逃げ切ったアイネスフウジンは、次に弥生賞に出走。ここでも１番人気に支持されたが、不良馬場に苦しみ、直線に入ると**メジロライアン**に、さらには他馬にも抜かれて４着になってしまう。ただ、中野はメジロライアンに抜かれた際、普通の馬だったらあきらめてしまうところ、アイネスフウジンが負けじと抜き返そうとしたのを馬上で感じ、この馬の強さを確信したという。

こうして迎えたクラシック第一弾の皐月賞で、アイネスフウジンは１番人気に支持された。ところが、スタート直後に他馬に挟まれてぶつけられる不利があり、得意の逃げができなくなってしまった。その結果、２着に敗れてしまう。

この敗戦により、中野はアイネスフウジンの騎乗から降ろされることを覚悟したという。実際、マスコミなどからは実績のない中野を「降ろせ」という声も上がった。しかし、加藤調教師は「ダービーは勝とうな」と声をかけ、アイネスフウジンは中野とのコンビのままダービーへと向かうこととなる。

◆競馬がギャンブルからスポーツへと変わった瞬間

この年のダービーは、**オグリキャップ**の活躍で起きた第二次競馬ブームの最中に開催されたこともあり、府中の東京競馬場には大観衆が詰めかけていた。その数、19万6517人。競馬の観客数としては、いまも世界記録だ。

連敗していたアイネスフウジンは3番人気に落ちていたが、今回はスタートこそ少し遅れたものの、加速して先手を取ると、そのまま逃げにもち込んだ。向こう正面で後方に4馬身以上差を広げ、直線でラストスパートを掛けたアイネスフウジンは独走状態に入った。残り200メートルの地点で後方にいたメジロライアンが懸命に追い込んできたが、そのときにはレースの大勢《たいせい》は決しており、アイネスフウジンは1着でゴールする。

ゴール後、アイネスフウジンと中野はウイニングランをしてから、正面スタンド前に戻ってきた。すると、次第にスタンドの観衆から自然発生的に手拍子

アイネスフウジン　トータル成績 8戦4勝(4-3-0-1)

日付	開催	レース	芝/ダ	距離	人気・着順	騎手
89/9/10	中山	サラ系3才新馬	芝	1600	2人2着	中野
89/9/23	中山	サラ系3才新馬	芝	1600	1人2着	中野
89/10/22	東京	サラ系3才未勝利	芝	1600	1人1着	中野
89/12/17	中山	GⅠ朝日杯3歳S	芝	1600	5人1着	中野
90/2/11	東京	GⅢ共同通信杯4歳S	芝	1800	1人1着	中野
90/3/4	中山	GⅡ弥生賞	芝	2000	1人4着	中野
90/4/15	中山	GⅠ皐月賞	芝	2000	1人2着	中野
90/5/27	東京	GⅠ日本ダービー	芝	2400	3人1着	中野

に合わせて「ナ・カ・ノ、ナ・カ・ノ」と、中野の名前を称《たた》えるコールが湧《わ》き上がった。やがて、そのコールは競馬場全体に広がっていった。

そんな光景は、それまでの競馬場では見られないものだった。観客の誰もがアイネスフウジンの馬券を買っていたわけではない。アイネスフウジンが勝ったことで大損をした者もいたはずだ。それなのに、損得を忘れて勝者を称えるコールが起きたのである。

それは、競馬がただのギャンブルからスポーツへと変わった瞬間だった。競馬ブームによって競馬場には若者の姿が増え、その景色も変わりつつあった。

アイネスフウジンはダービー後、脚部《きゃくぶ》不安を発症し、引退。中野も5年後に騎手を引退した。だが、あの日の「ナカノ」コール以来、競馬場ではGIレース後に勝利した馬や騎手をコールで称える文化が定着した。

♛36年ぶりに海外重賞を制覇した日本馬
フジヤマケンザン

活躍年：91（平成3）〜96（平成8）
性別・毛色：牡、鹿毛
血統：父・ラッキーキャスト、母・ワカスズラン、母父・コントライト

長いあいだ日本と世界の競馬には、かなりのレベル差があった。もちろん、日本が低かったのである。1958年に当時日本の最強馬だった**ハクチカラ**が戦後初となる海外遠征を行ない、翌年、ワシントンバースデーハンデキャップというアメリカの重賞級レースで、有力馬のレース中の故障などもあって奇跡的に勝っている。だが、それ以降、日本馬は海外での敗北を重ね続けた。

その時代、その時代の日本の最強馬たちが挑戦するものの、何十馬身も離されての惨敗をくり返すばかり。1986年には当時日本競馬史上最強といわれていた**シンボリルドルフ**がアメリカのGIサンルイレイステークスに臨んだが、7頭立ての6着に敗れている。「皇帝」ですら、歯が立たなかったのだ。

このような日本競馬の停滞状況を打ち破ったのが、**フジヤマケンザン**である。ただ、フジヤマケンザンはとても日本最強馬と呼べるような存在ではなか

った。なにしろ、ＧⅠを１勝もしていないのだ。

１９９１年の菊花賞に出走して３着に終わったのがＧⅠの成績としては最高で、あとは生涯成績でいうと、有馬記念で10着と14着、天皇賞（秋）で２年連続９着、マイルチャンピオンシップで８着、安田記念で11着、ジャパンカップで11着、宝塚記念で11着、５着と、ＧⅠではまったく通用していない。

さすがに重賞は勝っているが、それも中日新聞杯、中山記念、七夕賞、金鯱《きんこ》賞の４つだけ。つまり、客観的に見れば、一流半から二流の中距離馬というのがフジヤマケンザンの評価になるだろう。

◆「3度目の正直」で成功させた海外遠征

そのフジヤマケンザンが６歳となっていた１９９４年の暮れに突如《とつじょ》、香港の重賞である香港国際カップへの出走を決めたことに、ファンもマスコミも驚いた。それまでの常識でいえば、この程度の成績の馬が海外遠征をすることはあり得ない。またヨーロッパやアメリカでなく、香港という遠征先も意外だった。

だが、これはフジヤマケンザンの調教師だった森秀行《もりひでゆき》の、積極的な海外志向と先入観にとらわれず、勝てそうなレースに使うという信念ゆえの選択だった。

結果的に、このレースでフジヤマケンザンは4着に終わる。しかし、森はあきらめていなかった。翌1995年4月にふたたび香港遠征に向かい、クイーンエリザベス2世カップにフジヤマケンザンを出走させる。だが、今度も敗北。しかも、10着という大敗だった。それでも森は、「勝てる」と信じていたのだろう。同年12月に前年に続き香港国際カップへ出走させた。

この3度目となる海外遠征に、当時のファンやマスコミの期待と関心はかなり薄かったように記憶している。「どうせ無理」というのが大方《おおかた》の意見だった。

ところが、フジヤマケンザンはこのレースで、8番人気ながら2着に4分の3馬身差をつけて1着でゴールするのである。ハクチカラ以来、36年ぶりの日本馬による平地の海外重賞の勝利だった。言っては悪いが、GⅠも勝ったことのない平凡な馬による海外重賞制覇は、日本の競馬界に自信を与えた。そしてこれ以降、急速に多くの日本馬が海外の大レースで勝利を重ねていくようになる。それは、血統の改良、調教技術の向上、経験の蓄積《ちくせき》などが主な要因だが、フジヤマケンザンが新時代の扉を開いてくれたことも、また事実だろう。

フジヤマケンザン　トータル成績 38戦12勝(12-6-1-19)

日付	開催	レース	芝/ダ	距離	人気・着順	騎手
91/1/6	京都	サラ系4才新馬	芝	1800	6人5着	小島
91/1/20	京都	サラ系4才新馬	芝	1600	3人1着	小島
91/10/5	京都	嵯峨野特別900万下	芝	2200	6人1着	小島
91/10/12	京都	嵐山S1500万下	芝	3000	1人2着	小島
91/11/3	京都	GⅠ菊花賞	芝	3000	8人3着	小島
91/11/24	東京	GⅠジャパンC	芝	2400	11人8着	小島
91/12/22	中山	GⅠ有馬記念	芝	2500	8人10着	小島
92/1/12	中山	ジャニュアリーS1500万下	芝	2000	1人1着	小島
92/2/3	東京	GⅢダイヤモンドS	芝	3200	1人8着	小島
92/3/8	中京	GⅢ中日新聞杯	芝	1800	2人1着	小島
92/12/6	中山	ディセンバーS(オープン)	芝	2000	2人1着	小島
92/12/27	中山	GⅠ有馬記念	芝	2500	8人14着	小島
93/8/8	新潟	GⅢ関屋記念	芝	1600	1人2着	小島
93/8/22	函館	GⅢ函館記念	芝	2000	1人4着	小島
93/10/10	福島	福島民報杯(オープン)	芝	2000	1人2着	小島
93/10/31	東京	GⅠ天皇賞(秋)	芝	2000	10人9着	岡部
93/11/21	京都	GⅠマイルCS	芝	1600	9人8着	松永
93/12/12	中京	GⅢ愛知杯	芝	2000	1人5着	田島
94/1/23	中山	GⅡAJCC	芝	2200	6人2着	蛯名
94/3/13	中山	GⅡ中山記念	芝	1800	2人2着	岡部
94/4/12	大井	帝王賞	ダ	2000	1人16着	岡部
94/5/15	東京	GⅠ安田記念	芝	1600	9人11着	蛯名
94/6/26	福島	吾妻小富士オープン	芝	1800	1人1着	蛯名
94/7/24	新潟	BSNオープン	芝	1800	1人1着	蛯名
94/10/9	東京	GⅡ毎日王冠	芝	1800	9人2着	蛯名
94/10/30	東京	GⅠ天皇賞(秋)	芝	2000	10人9着	蛯名
94/11/27	東京	GⅠジャパンC	芝	2400	14人11着	蛯名
94/12/11	香港・沙田	香港国際C	芝	1800	5人4着	蛯名
95/3/12	中山	GⅡ中山記念	芝	1800	3人1着	蛯名
95/4/1	香港・沙田	クイーンエリザベスC	芝	2200	2人10着	蛯名
95/6/4	京都	GⅠ宝塚記念	芝	2200	13人11着	河内
95/7/9	福島	GⅢ七夕賞	芝	2000	2人1着	蛯名
95/10/22	新潟	GⅢカブトヤマ記念	芝	1800	1人4着	蛯名
95/11/12	東京	富士S(オープン)	芝	1800	2人1着	蛯名
95/12/10	香港・沙田	GⅡ香港国際C	芝	1800	8人1着	蛯名
96/3/10	中山	GⅡ中山記念	芝	1800	7人10着	蛯名
96/6/9	中京	GⅡ金鯱賞	芝	2000	8人1着	村本
96/7/7	阪神	GⅠ宝塚記念	芝	2200	5人5着	村本

フジヤマケンザン

騸馬《せんば》として初めてGⅠを制覇した

レガシーワールド

活躍年：91（平成3）〜96（平成8）
性別・毛色：騸、鹿毛
血統：父・モガミ、母・ドンナリディア、母父・ジムフレンチ

騸馬《せんば》とは、気性などに問題があるために去勢《きょせい》手術を受けた牡馬《ぼば》のことだ。セン馬と表記されることもある。去勢すると性格がおとなしくなり、人間の指示に素直に従うようになるため、レースで結果を出せるようになることも多い。

ただ、そもそも競馬とは、強い馬からさらに強い馬を作り、血を繋《つな》いでいくことが大きな目的のひとつである。騸馬はその否定になるため、少なくとも日本ではあまり行なわれることはない。また、クラシックレースに出走できないなど、参加できるレースも制限されている。ようするに、確実に才能はあるが、気性が荒すぎてそれを発揮できない馬に対して行なわれる最終手段なのだ。

レガシーワールドはデビュー前から資質を期待されていたが、1991年8月の新馬戦から出遅れをくり返し、5連敗を喫してしまった。さらに、人や馬を見るとすぐに威嚇《いかく》する荒い気性だったという。そこで陣営は思い切って去勢

し、騸馬にすることを決断した。

手術明けの1992年6月の未勝利戦は、騎手を振り落としてしまったことで競走除外となるが、次走で初勝利を挙げ、それから約1か月半のあいだに2勝を加えた。結果的に、去勢手術の荒療治が功を奏したのである。

9月にセントライト記念に勝って重賞を初制覇すると、そこから連勝。初GIとなったジャパンカップは4着に終わったが、年末の有馬記念で**メジロパーマー**の2着に食い込むという大活躍を見せる。デビュー後5連敗したとは思えない出世ぶりだった。

◆種牡馬になれない騸馬は「勝つことがすべて」

翌1993年、4歳となったレガシーワールドは1月の重賞AJCCでも2着に入った。だが、その後骨折が見つかり、長期休養に入る。同年秋の復帰初戦で京都大賞典に出走すると、**メジロマックイーン**の2着と善戦。次に前年も出走したジャパンカップへと向かった。

このときのジャパンカップには、ブリーダーズカップ・ターフなどアメリカのGIをいくつも勝っている**コタシャーン**を筆頭に有力外国馬も多く、その年のダービー馬である**ウイニングチケット**なども参戦していた。そのため、レガシーワールドは6番人気に留まり、完全に伏兵《ふくへい》扱いだった。

だが、レースでレガシーワールドは先行すると、道中2番手をキープ。直線に入ってから鋭《するど》く抜け出し、そのまま1番人気のコタシャーンを抑えてゴールする。騸馬によるGI制覇は日本競馬史上初めてのことだった。

ちなみに、このレースではコタシャーンが大外からものすごい脚で伸びてきたものの、騎手がゴールの位置を見間違えたために失速するという珍事もあった。この凡ミスがなければ、レガシーワールドが勝てたかはわからない。だが、勝因はなんであれ、種牡馬《しゅぼば》という未来のない騸馬にとっては、1レース、1レースの勝利だけがすべてである。勝つ以外、やることはないのだ。

その後、レガシーワールドは7歳まで現役を続けたが、ジャパンカップ以降は1勝も挙げられなかった。引退して種牡馬入りという選択肢がない以上、走り続けるしかないのが騸馬のつらいところだ。ただ、引退後は生まれ故郷の牧場に戻って功労馬として穏《おだ》やかな余生を送り、32歳で大往生を遂げた。

レガシーワールド　トータル成績 32戦7勝(7-5-2-18)

日付	開催	レース	芝/ダ	距離	人気・着順	騎手
91/8/18	函館	サラ系3才新馬	芝	1200	4人4着	小島
91/8/24	函館	サラ系3才新馬	芝	1200	2人2着	小島
91/9/7	函館	サラ系3才未勝利	芝	1200	1人5着	小谷内
91/10/26	京都	サラ系3才未勝利	芝	1600	3人3着	小島
91/11/16	東京	サラ系3才未勝利	芝	1800	2人4着	小島
92/6/28	福島	サラ系4才未勝利	芝	1800	競走除外	小谷内
92/7/11	福島	サラ系4才未勝利	芝	1800	2人1着	小谷内
92/7/25	新潟	三面川特別500万下	芝	2200	2人3着	小谷内
92/8/15	函館	奥尻特別500万下	芝	2000	5人1着	小谷内
92/8/22	函館	松前特別900万下	芝	2500	1人1着	小谷内
92/9/13	函館	UHB杯(オープン)	芝	1800	2人2着	小谷内
92/9/27	中山	GⅡセントライト記念	芝	2200	4人1着	小島
92/10/25	東京	東スポ杯(オープン)	芝	2400	1人1着	小谷内
92/11/8	京都	ドンカスターS(オープン)	芝	2400	2人1着	小谷内
92/11/29	東京	GⅠジャパンC	芝	2400	10人4着	小谷内
92/12/27	中山	GⅠ有馬記念	芝	2500	5人2着	小谷内
93/1/24	中山	GⅡAJCC	芝	2200	1人2着	小谷内
93/10/10	京都	GⅡ京都大賞典	芝	2400	2人2着	河内
93/11/28	東京	GⅠジャパンC	芝	2400	6人1着	河内
93/12/26	中山	GⅠ有馬記念	芝	2500	2人5着	河内
95/8/20	函館	GⅢ函館記念	芝	2000	2人16着	河内
95/9/18	中山	GⅡオールカマー	芝	2200	5人9着	河内
95/10/8	京都	GⅡ京都大賞典	芝	2400	6人13着	武豊
95/10/28	東京	アイルランドT(オープン)	芝	1600	3人11着	蛯名
95/11/19	京都	GⅠマイルCS	芝	1600	11人13着	村本
95/12/9	阪神	GⅡ鳴尾記念	芝	2500	7人9着	河内
96/1/24	川崎	川崎記念(中央交流)	ダ	2000	4人9着	河内
96/2/19	東京	GⅡ目黒記念	芝	2500	7人8着	的場
96/3/20	船橋	ダイオライト記念(中央交流)	ダ	2400	3人6着	M.ロバーツ
96/4/6	阪神	大阪城S(オープン)	芝	2500	3人4着	南井
96/5/11	京都	GⅢ京阪杯	芝	2200	6人16着	河内
96/5/25	東京	メイS(オープン)	芝	2400	4人7着	的場
96/7/7	阪神	GⅠ宝塚記念	芝	2200	9人8着	芹沢

レガシーワールド

「スプリンター」という概念を確立した

サクラバクシンオー

活躍年：92（平成4）〜94（平成6）
性別・毛色：牡、鹿毛
血統：父・サクラユタカオー、母・サクラハゴロモ、
母父・ノーザンテースト

1990年代初頭まで、1200メートル前後の距離を得意とするスプリンターと、1600メートル前後の距離を得意とするマイラーの区別は曖昧《あいまい》で、ひとまとめに「短距離馬」などと呼ばれていた。とくにスプリンターは軽視され、スプリント路線の大レースなども整備されていない時代が長く続いた。

そのため、まだGIでなかった時代のスプリンターズステークスを1974年、75年と連覇し、いまならば名スプリンターと呼ばれたに違いない**サクライワイ**なども、適性外の1800メートルのレースに出走して普通に惨敗している。出るレースがなかったのだから仕方がない。

そんななか、1990年にGIに格上げされた後のスプリンターズステークスを1993年、翌年と連覇し、スプリント路線で圧倒的な強さを誇ったことで、「スプリンター」という概念を確立したのが**サクラバクシンオー**だ。

1992年1月にダート1200メートル戦でデビューしたサクラバクシンオーは、これを5馬身差で圧勝。2戦目の芝1600メートル戦は2着に敗れたものの、3戦目の芝1200メートル戦は4馬身差で快勝した。

この時点でスプリンターとしての才能は明らかだったが、当時はまだ3歳馬はクラシック路線を目指すべきという考えが強く、サクラバクシンオーは皐月賞の前哨戦である芝1800メートルの重賞スプリングステークスに出走する。だが、このレースでは逃げる**ミホノブルボン**に歯が立たず、12着と大敗した。これで陣営もあきらめたか、次走で1200メートルの重賞クリスタルカップへ出走すると、快勝。重賞初制覇を遂げた。そして、以後は基本的に1600メートル以下のレースだけを選んで出続けることになる。

ただ、サクラバクシンオーにとっては1600メートルでも距離が長く、勝てるのは1400メートルまでのレースだけだった。まさに、生粋《きっすい》のスプリンターだったのである。1992年12月にはGI初挑戦でスプリンターズステークスに出走したが、このときは6着に敗れている。ちなみに、これはサクラバクシンオーにとって1400メートル以下のレースで、生涯唯一の敗戦だ。

◆適性がはっきり出たノースフライトとのライバル対決

翌1993年、脚部不安から春を全休したサクラバクシンオーは秋に復帰。相変わらず1600メートル戦ではコロっと負けたりしたものの、暮れのスプリンターズステークスでは2着に2馬身半差をつけ、GI初制覇を果たした。

5歳となった1994年のシーズン、サクラバクシンオーのライバルとなったのが、マイルで絶対的な強さを見せ、のちに「マイルの女王」と称された牝馬の**ノースフライト**だ。同年5月に1600メートルのGI安田記念で初対決となったが、このときは適距離のノースフライトが勝利している。

しかし、10月に1400メートルの重賞スワンステークスで再戦すると、今度は自身の適距離で戦ったサクラバクシンオーが、ノースフライトに1馬身4分の1差をつけて勝利。しかも、走破タイム1分19秒9は、1400メートル戦において日本で初めて1分20秒を切るJRAレコードだった。

両馬の3度目の対戦となったのは、1600メートルのGIマイルチャンピオンシップだったが、ここはマイラーの意地を見せてノースフライトが勝利。だが、引退レースとして挑《いど》んだ12月のスプリンターズステークスでは、JRA

サクラバクシンオー　トータル成績 21戦11勝(11-2-1-7)

日付	開催	レース	芝/ダ	距離	人気・着順	騎手
92/1/12	中山	サラ系4才新馬	ダ	1200	2人1着	小島
92/1/26	中山	黒竹賞500万下	芝	1600	1人2着	小島
92/3/14	中山	桜草特別500万下	芝	1200	1人1着	小島
92/3/29	中山	GⅡスプリングS	芝	1800	3人12着	小島
92/4/18	中山	GⅢクリスタルC	芝	1200	1人1着	小島
92/5/9	東京	菖蒲S(オープン)	芝	1400	1人1着	小島
92/6/7	東京	GⅡニュージーランドT4歳S	芝	1600	3人7着	小島
92/9/13	中山	GⅢ京王杯オータムH	芝	1600	3人3着	小島
92/10/31	東京	多摩川S(オープン)	芝	1600	3人7着	小島
92/11/28	東京	キャピタルS(オープン)	芝	1400	1人1着	小島
92/12/20	中山	GⅠスプリンターズS	芝	1200	3人6着	小島
93/10/2	中山	オータムスプリントS(オープン)	芝	1200	2人1着	小島
93/10/30	東京	アイルランドT(オープン)	芝	1600	3人4着	小島
93/11/27	東京	キャピタルS(オープン)	芝	1400	3人1着	小島
93/12/19	中山	GⅠスプリンターズS	芝	1200	2人1着	小島
94/4/3	中山	GⅢダービー卿CT	芝	1200	1人1着	小島
94/5/15	東京	GⅠ安田記念	芝	1600	3人4着	小島
94/10/9	東京	GⅡ毎日王冠	芝	1800	4人4着	小島
94/10/29	阪神	GⅡスワンS	芝	1400	1人1着	小島
94/11/20	京都	GⅠマイルCS	芝	1600	2人2着	小島
94/12/18	中山	GⅠスプリンターズS	芝	1200	1人1着	小島

レコードでノースフライトを破り、スプリンターとして、大いに面目を施《ほどこ》した。

結局、サクラバクシンオーは、1400メートル以下では12戦11勝という無類の強さを発揮したいっぽう、それを越える距離では9戦0勝とさっぱりだった。

しかし、だからこそスプリンターとして強烈な印象を残し、その地位を向上させたともいえる。

「交流元年」を切り拓いた

ライデンリーダー

活躍年：94（平成6）〜97（平成9）
性別・毛色：牝、鹿毛
血統：父・ワカオライデン、母・ヒカリリーダー、
母父・ネプテューヌス

1995年は中央競馬と地方競馬の本格的な交流が始まった年で、「交流元年」と呼ばれた。これにより、中央競馬のGIが地方所属馬にも開放され、かつての**オグリキャップ**のように中央に移籍しなくても、指定された中央の競走で指定着順以内に入れば、地方所属のままでGIに出走が可能となった。そんな「交流元年」を象徴する存在が**ライデンリーダー**だ。

ライデンリーダーは、寺山修司《てらやましゅうじ》がたびたび「競馬界の巌窟王事件《がんくつおう》」として競馬エッセイで触《ふ》れた、**クモワカ**の血を引く牝馬《ひんば》である。地方の笠松競馬に所属し、1994年6月にデビューすると、そこから9連勝を挙げた。年明け1995年2月には、3歳になったばかりにもかかわらず古馬《こば》と対戦して勝利。無敗のまま連勝を10に伸ばした。

そして、次走に選んだのが、この年から地方所属馬にも門戸《もんこ》が開放された中

央の重賞である報知杯4歳牝馬特別だった。このレースで3着以内に入れば、中央のGIである桜花賞への道も開ける。

ただ、陣営にはそれほどの気負いはなく、たまたま使えるレースがあったから使っただけだったという。また、デビュー以来騎乗を務めていた笠松のトップジョッキーである安藤勝己《あんどうかつみ》も、かつて自身が騎乗したことのある笠松所属時代のオグリキャップなどと比べると、ライデンリーダーをそれほど強い馬と感じていなかったと証言している。

◆アナウンサーを絶句させた圧巻の走り

ライデンリーダーはここまでダートしか走った経験がなく、報知杯4歳牝馬特別が初めての芝レースへの出走だった。それでも、当日は2番人気となる。

レースがスタートすると、ライデンリーダーは初めての芝に戸惑《とまど》ったのか、追走に手間取り、他馬から後《おく》れを取った。安藤は必死に手綱《たづな》を動かしたが、なかなか前に行こうとはしない。直線の入り口でも、まだ抜け出せず、馬群の中でもがいていた。

ところが、直線半ば《なか》までできたところで大外にもち出すと、ライデンリーダーはものすごい脚で抜け出し、先頭を走る1番人気の**エイユーギャル**をあっという間にかわして、3馬身半の差をつけて勝利を遂げるのである。実況を務めていた杉本清《すぎもときよし》アナウンサーは、「抜けた、ライデン……」と言った後、しばらく絶句してしまった。それほど圧巻の勝ちっぷりだったのだ。

こうして、ライデンリーダーは地方所属馬として初めて中央の重賞を制覇した。また、笠松競馬で18年連続リーディングジョッキーの座を守り、「カラスが鳴かない日はあってもアンカツが勝たない日はない」と言われた安藤勝己にとっても、これが中央での重賞初制覇であり、その名を全国区にした。

桜花賞でライデンリーダーは、圧倒的な1番人気に支持された。だが、前走同様、道中ついて行くことができず、直線で後方から追い込んだものの4着に敗れた。ただ、ここで4着に入ったことで、オークスへの出走権を獲得する。

そのオークスでも、ライデンリーダーは1番人気となった。多くのファンはこの馬に、地方から中央に来て勝ちまくったオグリキャップの再来を期待していたのだ。だが、レースでは13着と大敗してしまう。この後、エリザベス女王

ライデンリーダー　トータル成績 24戦13勝(13-1-2-8)

日付	開催	レース	芝/ダ	距離	人気・着順	騎手
94/6/7	笠松	サラ系3才ロ新馬	ダ	800	3人1着	安藤
94/6/19	笠松	サラ系3才イ	ダ	800	1人1着	安藤
94/7/13	笠松	サラ系3才イ	ダ	800	1人1着	安藤
94/8/15	笠松	サラ系3才イ	ダ	800	1人1着	安藤
94/8/28	笠松	秋風ジュニア	ダ	1400	1人1着	安藤
94/9/28	名古屋	中京盃サラ3才オープン	ダ	1400	1人1着	安藤
94/11/6	笠松	サラ・プリンセス特別	ダ	1400	1人1着	安藤
94/12/7	名古屋	ゴールドウイング賞	ダ	1400	1人1着	安藤
94/12/29	笠松	ジュニアGP	ダ	1600	1人1着	安藤
95/2/20	笠松	うぐいす特別B2イ	ダ	1600	1人1着	安藤
95/3/19	京都	GⅡ報知4歳牝馬特別	芝	1400	2人1着	安藤
95/4/9	京都	GⅠ桜花賞	芝	1600	1人4着	安藤
95/5/21	東京	GⅠオークス	芝	2400	1人13着	安藤
95/9/27	名古屋	東海CS	ダ	1900	1人1着	安藤
95/10/22	京都	GⅡローズS	芝	2000	1人3着	安藤
95/11/12	京都	GⅠエリザベス女王杯	芝	2400	6人13着	安藤
96/1/15	京都	GⅢ平安S	ダ	1800	1人8着	安藤
96/2/12	笠松	白銀争覇	ダ	1900	2人3着	安藤
96/4/28	京都	GⅢシルクロードS	芝	1200	6人6着	安藤
96/8/31	笠松	高原特別A12B1	ダ	1600	1人1着	安藤
96/12/11	名古屋	愛知県畜産特別A2B1	ダ	1800	1人8着	安藤
97/1/14	笠松	新春短距離特別A2B1	ダ	1400	1人2着	安藤
97/2/25	笠松	アメジスト特別A2B1	ダ	1600	1人4着	安藤
97/3/11	笠松	中央競馬騎手招待A2B1	ダ	1900	1人5着	安藤

杯でも13着と大敗。結局、中央のGIでは通用しなかった。

しかし、ライデンリーダーが「交流元年」を切り拓《ひら》き、中央と地方の橋渡しをした役割は大きい。そして、ライデンリーダーとともに牝馬クラシックロードを戦い抜いたことで、安藤勝己は中央の競馬に興味をもつようになり、2003年に中央競馬に移籍。以後、次々とGIレースで勝利を挙げた。そのきっかけになったという意味でも、ライデンリーダーは競馬史に残る重要な存在といえる。

日本調教馬として初の海外GI制覇

シーキングザパール

活躍年：96（平成8）～99（平成11）
性別・毛色：牝、鹿毛
血統：父・Seeking the Gold、母・ページプルーフ、母父・Seattle Slew

海外GI、それも芝レースの本場であるヨーロッパのGIを勝つことは日本競馬界の長年の悲願だった。1995年に**フジヤマケンザン**が香港で海外重賞制覇を果たしたことで、日本競馬界の次の目標は完全に海外GI勝利となる。アメリカ生まれの外国産馬である**シーキングザパール**は、デビュー前から評価が高く、その前評判どおり、1996年7月の新馬戦を7馬身差で圧勝した。ただ、2歳時のシーキングザパールは、勝つときはレコードタイムを出すといった強い勝ち方をするものの、取りこぼすことも多く、まだ不安定だった。

しかし、3歳になると重賞を3連勝。当時は外国産馬がクラシック競走へ出られなかったため、前年に新設されたGIのNHKマイルカップへと向かった。ここで1番人気で勝利を収め、GI初制覇を果たす。

秋に入ってローズステークスに出走するが、桜花賞馬**キョウエイマーチ**の3

着に敗れてしまう。レース後、喉《のど》の病気が見つかり、シーキングザパールは手術のために休養に入った。この病気のせいで、ローズステークスの残り400メートルは呼吸ができない状態のまま走っていたという。

1998年、4歳となったシーキングザパールは、7か月ぶりの復帰戦となるシルクロードステークスを快勝。続けて春の短距離GIである高松宮《たかまつのみや》記念と安田記念に出走したが、どちらもシーキングザパールが得意とする良馬場にならず、連敗を喫してしまった。とくに安田記念は泥んこの不良馬場で、10着という生涯唯一《ゆいいつ》の2ケタ着順に大敗している。

そのような大敗を喫しながらも、安田記念後、シーキングザパール陣営は同馬のフランス遠征を表明した。出走するのは、8月9日にドーヴィル競馬場で行なわれる直線1300メートルのGI、モーリス・ド・ゲスト賞である。

◆コースレコードでフランスの短距離GIを逃げ切る

フランスのGIだったが、環境を慎重に検討した結果、イギリスで調整することになり、シーキングザパールは7月に渡英。同地で順調に調教を積んだ。

レース当日、ヨーロッパ競馬でまったく実績のないシーキングザパールは5番人気に留まった。だが、その年のドーヴィルはまったく雨が降らず、数十年ぶりの乾いた馬場となり、シーキングザパールにとっては絶好の舞台となっていた。

スタートすると、押し出されるように先頭に立ったシーキングザパールは、そのまま逃げる形をとった。そして、道中はコースの真ん中を走り、残り300メートルでスパートをかけると、追走してくる馬たちを振り切り、1着でゴールする。しかも、その勝利はコースレコードを17年ぶりに更新する1分14秒7という破格のタイムであり、この記録はその後15年間破られなかった。

こうして、日本競馬界の悲願であったヨーロッパのGIを、シーキングザパールがついに制覇したのである。当然、日本ではこの話題でもちきりとなったが、フランスやイギリスの新聞も1面で大きく扱った。それほどの衝撃をヨーロッパにも与えたのだ。ちなみに、シーキングザパールが挑戦するまで、モーリス・ド・ゲスト賞は日本ではほぼ無名のGIだった。だが、同馬を管理していた森秀行は、かつてフジヤマケンザンで36年ぶりに海外重賞を制覇した調教

シーキングザパール　トータル成績 21戦8勝(8-2-3-8)

日付	開催	レース	芝/ダ	距離	人気・着順	騎手
96/7/20	小倉	サラ系3才新馬	芝	1200	1人1着	武豊
96/9/1	中山	GIII新潟3歳S	芝	1200	2人3着	武豊
96/10/19	京都	GIIデイリー杯3歳S	芝	1400	1人1着	武豊
96/12/1	阪神	GI阪神3歳牝馬S	芝	1600	1人4着	武豊
97/1/15	京都	GIIIシンザン記念	芝	1600	1人1着	武豊
97/3/15	中山	GIIIフラワーC	芝	1800	1人1着	武豊
97/4/20	東京	GIIニュージーランドT4歳S	芝	1400	1人1着	武豊
97/5/11	東京	GI NHKマイルC	芝	1600	1人1着	武豊
97/9/21	阪神	GIIローズS	芝	2000	1人3着	武豊
98/4/26	京都	GIIIシルクロードS	芝	1200	4人1着	武豊
98/5/24	中京	GI高松宮記念	芝	1200	1人4着	武豊
98/6/14	東京	GI安田記念	芝	1600	4人10着	武豊
98/8/9	仏・ドーヴィル	GIモーリス・ド・ゲスト賞	芝	1300	5人1着	武豊
98/9/6	仏・ロンシャン	GI ムーラン・ド・ロンシャン賞	芝	1600	4人5着	武豊
98/11/22	京都	GIマイルCS	芝	1600	2人8着	河内
98/12/20	中山	GIスプリンターズS	芝	1200	2人2着	武豊
99/1/23	米・サンタアニタ	GIサンタモニカH	ダ	7.0F	5人4着	武豊
99/5/23	中京	GI高松宮記念	芝	1200	1人2着	武豊
99/6/13	東京	GI安田記念	芝	1600	3人3着	武豊
99/10/2	米・ベルモント	GIIIノーブルダムゼルH	芝	8.0F	1人4着	J.ベラスケス
99/10/17	米・ローレル	GIIIローレルダッシュ	芝	6.0F	1人7着	C.ロペス

師だ。あのときと同じように、世界中のレースからシーキングザパールがもっとも勝つ可能性が高いと思われるレースを選び抜き、出走させたのである。

その後、シーキングザパールは1勝もできずに、翌年引退。しかし、あの夏にシーキングザパールがドーヴィルの地に残した足跡は、日本の競馬にとって、とても大きな一歩となった。

「天才」武豊に初ダービーを贈った
スペシャルウィーク

活躍年：97（平成9）〜99（平成11）
性別・毛色：牡、黒鹿毛
血統：父・サンデーサイレンス、母・キャンペンガール、母父・マルゼンスキー

武豊は1987年に騎手デビューを果たすと、その年に69勝を挙げ、当時の新人最多勝記録を更新した。翌年には、**スーパークリーク**で菊花賞に勝利。19歳8か月でのJRA史上最年少クラシック制覇の記録を樹立する。

このような活躍から「天才」と呼ばれるようになった武は、以後、前人未到の天皇賞春4連覇をはじめとする偉業を次々と打ち立て、GIレースを勝ちまくった。だが、武がGI勝利を重ねれば重ねるほど、逆にひとつの不名誉な事実が注目を集めるようになっていった。武は数々のGIに勝ちながら、どうしても東京優駿（日本ダービー）にだけ勝てなかったのだ。

競走馬が一生のうち3歳の一度しか出走できないダービーは、すべての競馬関係者の目標であり、ダービーに勝った騎手は、「ダービージョッキー」と呼ばれ、尊敬される。もちろん、第二次世界大戦中のイギリスの首相チャーチルが

言ったとされる「ダービー馬のオーナーになることは一国の宰相《さいしょう》になることより難しい」という言葉もあるように、ダービーに勝つことは簡単ではない。

それでも、「天才」武豊がダービーに勝てないことは、競馬界の七不思議のひとつといわれた。そんななか、騎手デビュー11年目を迎えた1997年に武が出会ったのが、**スペシャルウィーク**である。

◆ゴール前でムチを落とすほど興奮していた武豊

スペシャルウィークは1997年11月の新馬戦で、武豊を背に初出走した。雨の降りしきるなか行なわれたこのレースを好タイムで快勝したことで、武はスペシャルウィークの将来性にかなりの期待をもったという。

翌1998年1月の2戦目は2着に敗れたものの、その後、スペシャルウィークはきさらぎ賞、弥生賞と重賞を連勝。クラシック第一弾の皐月賞を1番人気で迎えることとなった。しかし、大外18番枠からの不利な発走ということもあり、このレースは3着に敗れてしまう。

だが、多くのファンが武豊のダービー初制覇を期待していたこともあり、ダービー本番当日、スペシャルウィークは1番人気に支持された。続く2番人気は皐月賞2着の良血馬**キングヘイロー**、3番人気は皐月賞馬になりながら、その勝利をフロック視されていた**セイウンスカイ**だった。

レースが始まると大方《おおかた》の予想を裏切り、逃げ馬のセイウンスカイを抑えてキングヘイローがハイペースで暴走気味の逃げを打ち、セイウンスカイは2番手に控えた。いっぽう、スペシャルウィークと武は、馬群の中団でペースを見ながら仕掛けるタイミングを窺《うかが》っていた。

直線に入るとキングヘイローは失速。セイウンスカイは一瞬先頭に立ったものの、後方に控えていたスペシャルウィークの強襲にあい、突き放されてしまう。武は直線で先頭に立ったスペシャルウィークを駆《か》り続け、1着でゴールに飛び込んだときには、2着馬に5馬身差をつけていた。圧勝である。

このダービーで、武はゴール直前にムチを落としている。さすがの「天才」武豊も念願のダービー勝利を確信し、我を忘れるほど興奮していたのだ。ともあれ、こうして武はついにダービージョッキーとなった。

おもしろいもので、あれほど勝てなかったダービーに一度勝つと、武は翌年

スペシャルウィーク　トータル成績 17戦10勝(10-4-2-1)

日付	開催	レース	芝/ダ	距離	人気・着順	騎手
97/11/29	阪神	サラ系3才新馬	芝	1600	1人1着	武豊
98/1/6	京都	白梅賞500万下	芝	1600	1人2着	武豊
98/2/8	京都	GⅢきさらぎ賞	芝	1800	1人1着	武豊
98/3/8	中山	GⅡ弥生賞	芝	2000	2人1着	武豊
98/4/19	中山	GⅠ皐月賞	芝	2000	1人3着	武豊
98/6/7	東京	GⅠ日本ダービー	芝	2400	1人1着	武豊
98/10/18	京都	GⅡ京都新聞杯	芝	2200	1人1着	武豊
98/11/8	京都	GⅠ菊花賞	芝	3000	1人2着	武豊
98/11/29	東京	GⅠジャパンC	芝	2400	1人3着	岡部
99/1/24	中山	GⅡAJCC	芝	2200	1人1着	O.ペリエ
99/3/21	阪神	GⅡ阪神大賞典	芝	3000	2人1着	武豊
99/5/2	京都	GⅠ天皇賞(春)	芝	3200	1人1着	武豊
99/7/11	阪神	GⅠ宝塚記念	芝	2200	1人2着	武豊
99/10/10	京都	GⅡ京都大賞典	芝	2400	1人7着	武豊
99/10/31	東京	GⅠ天皇賞(秋)	芝	2000	4人1着	武豊
99/11/28	東京	GⅠジャパンC	芝	2400	2人1着	武豊
99/12/26	中山	GⅠ有馬記念	芝	2500	2人2着	武豊

も**アドマイヤベガ**でダービーに勝利し、史上初のダービー連覇を達成。さらに、その後何度もダービーを勝つようになり、2021年現在、ダービー5勝という他の追《つい》随《ずい》を許さない記録をもっている。

ダービー後のスペシャルウィークは、1999年に天皇賞春・秋連覇を果たし、同年の宝塚記念と有馬記念では**グラスワンダー**との「GS対決」で競馬界を盛り上げるなどの活躍を見せた。だが、多くのファンにとってはやはり、武豊に初めてのダービーを贈った馬としての印象が深い。

凱旋門賞が見果てぬ夢でなくなった瞬間

エルコンドルパサー

活躍年：97（平成9）～99（平成11）
性別・毛色：牡、黒鹿毛
血統：父・Kingmambo、母・サドラーズギャル、母父・Sadler's Wells

凱旋門賞は1920年に創設され、毎年10月の第1日曜日にフランスのパリ・ロンシャン競馬場で開催されるGIだ。その伝統から世界最高峰のGIとされており、世界中の競馬関係者が同レースに勝つことを最大目標にしている。

当然、日本の競馬界にとっても制覇は積年《せきねん》の悲願であり、1969年には**スピードシンボリ**が、1972年には**メジロムサシ**が、1986年には**シリウスシンボリ**が挑戦したが、すべて2ケタ着順に沈んでいる。そのため、関係者はともかく、少なくともファンのあいだでは日本馬による凱旋門賞制覇は夢や憧れに近いもので、あまり現実的には考えられていなかった。しかし、それを実現可能な目標という認識に改めさせてくれたのが**エルコンドルパサー**だ。

エルコンドルパサーは1997年11月の新馬戦を7馬身差で圧勝すると、年明けの2戦目も9馬身差の圧勝。さらに、そこから2連勝を重ねて迎えたNH

Kマイルカップにも勝利し、無敗でのGI初制覇を果たした。

秋の初戦では、古馬との戦いになる毎日王冠に出走。この年の毎日王冠には史上最強の逃げ馬**サイレンススズカ**と無敗のGI馬**グラスワンダー**も参戦しており、伝説のレースとなった。結果的にエルコンドルパサーはサイレンススズカから2馬身半差の2着に敗れたものの、サイレンススズカに騎乗していた武豊はレース後、エルコンドルパサーの末恐ろしい強さを認めていたという。

その武の評価を裏付けるように、エルコンドルパサーは次走のジャパンカップで**スペシャルウィーク**や**エアグルーヴ**といった強豪を打ち破り、勝利を挙げる。そして、このレースを最後に年内は休養に入り、シリウスシンボリ以来となるヨーロッパ長期遠征の準備に入った。最終目標は凱旋門賞である。

◆「チャンピオンが2頭いた」世界最高峰のGI

1999年4月にエルコンドルパサーはフランスに渡ったが、最初からファンの期待が高かったわけではない。すでに**シーキングザパール**や**タイキシャトル**がヨーロッパのGIを勝っていたが、それらはすべて短距離であり、ヨーロッパの中長距離GⅠは、まだ日本馬には敷居《しきい》が高いと考えられていたのだ。

それゆえ、5月にGⅠイスパーン賞でエルコンドルパサーが2着に入ると、快挙だと当時のファンたちは無邪気《むじゃき》に喜んだ。そして、7月に凱旋門賞と同じ2400メートルのGⅠであり、ヨーロッパ中の強豪馬が集まっていたサンクルー大賞に勝利。続けて9月にも同距離のGⅡフォワ賞で勝利を収めたことで、エルコンドルパサーへの期待は一気に高まっていった。

迎えた凱旋門賞当日の10月3日。1番人気は同年にジョッケクルブ賞（フランスダービー）とアイリッシュダービーなどを勝っていた地元フランスの**モンジュー**に譲ったものの、エルコンドルパサーは堂々の2番人気に支持された。レースは、完全にこの2頭の一騎打ちと見られていた。

スタートすると、エルコンドルパサーは最内枠から飛び出すようにして先頭に立った。そのまま道中先頭でレースを進めるエルコンドルパサーの後方で、モンジューは6番手前後を追走する。

最後の直線に入ったとき、エルコンドルパサーは後続に2馬身ほどの差をつけ、その差を広げていった。だが、残り400メートルあたりからモンジュー

エルコンドルパサー　トータル成績 11戦8勝(8-3-0-0)

日付	開催	レース	芝/ダ	距離	人気・着順	騎手
97/11/8	東京	サラ系3才新馬	ダ	1600	1人1着	的場
98/1/11	中山	サラ系4才500万下	ダ	1800	1人1着	的場
98/2/15	東京	GⅢ共同通信杯4歳S	ダ	1600	1人1着	的場
98/4/26	東京	GⅡニュージーランドT4歳S	芝	1400	1人1着	的場
98/5/17	東京	GⅠNHKマイルC	芝	1600	1人1着	的場
98/10/11	東京	GⅡ毎日王冠	芝	1800	3人2着	蛯名
98/11/29	東京	GⅠジャパンC	芝	2400	3人1着	蛯名
99/5/23	仏・ロンシャン	GⅠイスパーン賞	芝	1850	1人2着	蛯名
99/7/4	仏・サンクルー	GⅠサンクルー大賞	芝	2400	2人1着	蛯名
99/9/12	仏・ロンシャン	GⅡフォワ賞	芝	2400	1人1着	蛯名
99/10/3	仏・ロンシャン	GⅠ凱旋門賞	芝	2400	2人2着	蛯名

が猛追、残り100メートルほどでエルコンドルパサーに並んだ。ゴール直前、モンジューがいったん前に出る。しかし、エルコンドルパサーはさらにモンジューを差し返しにいった。そこが、ゴールだった。結果は半馬身及ばずの2着。

この激闘に、応援に駆けつけた日本人観客のみならず、異国の観客からも大きな拍手が送られた。現地メディアは「チャンピオンが2頭いた」と報道。それはリップサービスではなく、レースを見た人誰しもが抱いた感想だった。このレースでエルコンドルパサーは引退するが、その活躍は凱旋門賞を日本競馬界にとって「夢」ではなく「目標」に変えた。

芝・ダート兼用、強い馬は強い

アグネスデジタル

活躍年：99（平成11）〜03（平成15）
性別・毛色：牡、栗毛
血統：父・Crafty Prospector、母・Chancey Squaw、母父・Chief's Crown

中央、地方、海外と競馬場を選ばず、芝、ダートも問わず、距離も1600メートルから2000メートルまでと、幅広いカテゴリーでGⅠ勝ちを収めたことで「万能の名馬」や「異能の馬」と呼ばれたのが**アグネスデジタル**だ。得意条件に専念するスペシャリストが一般的になっていた平成の競馬において、その存在は際立《きわだ》っていた。

1999年9月のデビュー戦から、アグネスデジタルは、しばらくのあいだダートレースばかりを走っていた。年末には地方の川崎競馬場で行なわれるダート重賞の全日本3歳優駿で勝利を収め、早くも重賞勝ち馬となる。

ただ、3歳春に芝路線に転向すると、しばらく勝ち切れないレースが続く。そこで陣営がダート路線に戻すと、重賞を2勝。さらに、10月には古馬との初対戦となったダート重賞の武蔵野ステークスでも2着と健闘した。

この戦績とローテーションだったら、次走はダートGIのジャパンカップダートに出走するのが普通だろう。しかし、アグネスデジタルは芝の1600メートルのGIであるマイルチャンピオンシップに出走してしまうのだ。ここまで芝レースで1回も勝っていないアグネスデジタルは、18頭立て13番人気とかなり低い支持だった。当然の評価である。

ところが、道中後方を走っていたアグネスデジタルは、直線残り200メートルの位置から前方集団を一気に差し切り、勝ってしまう。しかも、走破タイムはコースレコードだった。そして、これ以降アグネスデジタルは、ダートレースをステップに芝のGIに挑戦、あるいはその逆といった、異例のローテーションでGI勝利を積み重ねていくのである。

◆馬券予想を惑《まど》わす過去に例のないローテーション

たとえば、4歳になった2001年には、盛岡競馬場で行なわれるダート1600メートルの地方GI（当時）マイルチャンピオンシップ南部杯で勝利を収めると、芝2000メートルの天皇賞（秋）に出走。そこでも勝ってしまう。

さらに、香港に渡って香港カップに出走すると、これにも勝ち、海外GⅠ初制覇を果たした。

　香港カップは芝2000メートルのレースだが、帰国したアグネスデジタルは、次にダート1600メートルのフェブラリーステークスに出走し、1番人気で勝利を収める。この南部杯からフェブラリーステークスまでのGⅠ4連勝は偉業であり、すごいとしかいいようがない。

　ただ、つねに過去に例のないローテーションで出走してくるうえ、安定した成績の持ち主とはいえないため、馬券を買う際は正直、予想が難しかったのも事実だ。その端的《たんてき》な例としては、2003年の安田記念が挙げられる。

　安田記念の前走として、アグネスデジタルは地方ダート重賞のかきつばた記念に出て、4着に敗れている。そこから、中央の芝1600メートルのGⅠ安田記念に進むというのは、あまりない話だ。そのため、ファンもかなり悩んだのだろう。圧倒的なGⅠ実績がありながら、当日のアグネスデジタルは4番人気に留まった。しかし、この安田記念をコースレコードのおまけつきで、あっさり勝ってしまうのだ。……これほど馬券を買いづらかった名馬もいない。

アグネスデジタル　トータル成績 32戦12勝(12-5-4-11)

日付	開催	レース	芝/ダ	距離	人気·着順	騎手
99/9/12	阪神	サラ系3才新馬	ダ	1400	2人2着	福永
99/10/2	阪神	サラ系3才新馬	ダ	1200	1人1着	福永
99/10/9	京都	もみじS(オープン)	芝	1200	7人8着	福永
99/11/7	京都	もちの木賞500万下	ダ	1400	1人2着	福永
99/11/27	東京	サラ系3才500万下	ダ	1600	1人1着	的場
99/12/23	川崎	GⅡ全日本3歳優駿(中央交流)	ダ	1600	1人1着	的場
00/2/20	東京	ヒヤシンスS(オープン)	ダ	1600	3人3着	的場
00/3/12	中山	GⅢクリスタルC	芝	1200	8人3着	的場
00/4/8	中山	GⅡニュージーランドT4歳S	芝	1600	7人3着	的場
00/5/7	東京	GⅠNHKマイルC	芝	1600	4人7着	的場
00/6/14	名古屋	GⅢ名古屋優駿(中央交流)	ダ	1900	3人1着	的場
00/7/12	大井	GⅠジャパンダートダービー(中央交流)	ダ	2000	1人14着	的場
00/9/30	中山	GⅢユニコーンS	ダ	1800	4人1着	的場
00/10/28	東京	GⅢ武蔵野S	ダ	1600	4人2着	的場
00/11/19	京都	GⅠマイルCS	芝	1600	13人1着	的場
01/1/5	京都	GⅢ京都金杯	芝	1600	3人3着	的場
01/5/13	東京	GⅡ京王杯スプリングC	芝	1400	4人9着	四位
01/6/3	東京	GⅠ安田記念	芝	1600	6人11着	四位
01/9/19	船橋	GⅢ日本TV盃(中央交流)	ダ	1800	3人1着	四位
01/10/8	盛岡	GⅠマイルCS南部杯(中央交流)	ダ	1600	1人1着	四位
01/10/28	東京	GⅠ天皇賞(秋)	芝	2000	4人1着	四位
01/12/16	香港·沙田	GⅠ香港カップ	芝	2000	2人1着	四位
02/2/17	東京	GⅠフェブラリーS	ダ	1600	1人1着	四位
02/3/23	UAE·ナド·アルシバ	GⅠドバイワールドC	ダ	2000	発売なし 6着	四位
02/4/21	香港·沙田	GⅠクイーンエリザベスC	芝	2000	― 2着	四位
03/5/1	名古屋	GⅢかきつばた記念(中央交流)	ダ	1400	4人4着	四位
03/6/8	東京	GⅠ安田記念	芝	1600	4人1着	四位
03/6/29	阪神	GⅠ宝塚記念	芝	2200	3人13着	四位
03/9/15	船橋	GⅡ日本TV盃(中央交流)	ダ	1800	1人2着	四位
03/10/13	盛岡	GⅠマイルCS南部杯(中央交流)	ダ	1600	2人5着	四位
03/11/2	東京	GⅠ天皇賞(秋)	芝	2000	4人17着	四位
03/12/28	中山	GⅠ有馬記念	芝	2500	7人9着	四位

執念の「変則二冠」を達成した
キングカメハメハ

活躍年：03（平成15）～04（平成16）
性別・毛色：牡、鹿毛
血統：父・Kingmambo、母・マンファス、母父・ラストタイクーン

昔は長距離を走ることのできるスタミナのある馬が「強い馬」とされていたが、次第にスピードが重視されるようになっていった。それに伴い、子孫にスピード能力を伝える種牡馬が重用《ちようよう》されるようになり、現役時代にマイル（1600メートル）のGI勝ちがあることの価値が高くなっていった。

いっぽう、いまも昔も変わらず、多くの競馬関係者が目指しているのは2400メートルのGIである東京優駿（日本ダービー）だ。そのため、マイルで勝てるスピードと、2400メートルまでは耐えられるスタミナの両方を子孫に伝えられる種牡馬が理想的ということになる。つけ加えれば、ダービーに勝つためには、早くから活躍できる早熟傾向のほうがいい。

このような現代的な種牡馬の理想像にもとづき、3歳時にマイルGIであるNHKマイルカップと、ダービーの両方をいっぺんに獲ることに執念を燃やし

ていたのが松田《まつだ》国英《くにひで》調教師だ。ちなみに、NHKマイルカップとダービーの二冠は、王道である皐月賞とダービーの「クラシック二冠」に対して、「変則二冠」とも呼ばれている。

松田は2001年に**クロフネ**で初めて「変則二冠」に挑戦。だが、NHKマイルカップには勝ったが、ダービーは5着に敗れた。翌年には**タニノギムレット**が皐月賞3着後にNHKマイルカップに出走し、ここも3着に敗れてしまうが、ダービーは制覇した。大きく距離が異なり、レース間隔も短い「変則二冠」の獲得はそれほど難しいのだ。そして、この2回のチャレンジ失敗の後に松田厩舎に所属し、「変則二冠」に挑んだのが**キングカメハメハ**である。

◆GⅠ2戦連続でのレースレコード勝利

2003年11月の新馬戦を快勝したキングカメハメハは次走も勝ち、連勝を決める。年明け1月に出走した京成杯では3着に敗れたものの、次のレースでは落ち着いたレースぶりで完勝。続けて毎日杯にも勝ち、重賞初制覇を果たした。ここから皐月賞に向かうという選択肢もあったが、中山競馬場が不向きと考えた陣営は、NHKマイルカップへの直行を選択する。

レース当日、キングカメハメハは1番人気に支持されたものの、マイルでのレース経験がないことも懸念《けねん》され、2番人気と差のない倍率だった。だが、このNHKマイルカップでキングカメハメハは、直線で大外から追い上げて一気に先行勢を呑《の》み込むと、後は後続との差を広げる一方というレースぶりで5馬身差の圧勝を遂げる。勝ちタイム1分32秒5はレースレコードだった。

こうして「変則二冠」の一冠目は獲得した。しかし、問題は二冠目も獲れるかだ。3週間後のダービー当日、キングカメハメハはまた1番人気となった。前走の強烈な勝ち方も記憶に新しく、今度は2番人気とは差が開いていた。

レースがスタートすると、1000メートル通過が57秒6というハイペースとなる。道中、キングカメハメハは中団から追走。最後の直線に入って間もなく先頭に立ったが、ハイペースのうえ早めの仕掛けだと消耗しやすい。キングカメハメハにとって苦しい展開となった。だが、底力を発揮してこれに耐えると、後ろから追ってきた馬を1馬身半差抑えて1着でゴールする。

ついに、松田調教師の執念が実り、「変則二冠」が達成されたのである。キン

キングカメハメハ　トータル成績 8戦7勝(7-0-1-0)

日付	開催	レース	芝/ダ	距離	人気・着順	騎手
03/11/16	京都	サラ系2歳新馬	芝	1800	1人1着	安藤
03/12/13	阪神	エリカ賞500万下	芝	2000	1人1着	武豊
04/1/18	中山	GⅢ京成杯	芝	2000	1人3着	D.バルジュー
04/2/29	阪神	すみれS(オープン)	芝	2200	1人1着	安藤
04/3/27	阪神	GⅢ毎日杯	芝	2000	2人1着	福永
04/5/9	東京	GⅠNHKマイルC	芝	1600	1人1着	安藤
04/5/30	東京	GⅠ日本ダービー	芝	2400	1人1着	安藤
04/9/26	阪神	GⅡ神戸新聞杯	芝	2000	1人1着	安藤

グカメハメハの勝ちタイム2分23秒3は、1990年に**アイネスフウジン**が記録したレースレコードを2秒も更新するものだった。

その後、キングカメハメハは秋に入って神戸新聞杯に勝ち、天皇賞（秋）を目指したが、その調整中に右脚に故障が発生し、引退。過去に松田厩舎で「変則二冠」に挑んだクロフネもタニノギムレットも、同じように3歳の若さで故障により引退している。

そのため、無理に厳しいローテーションを進ませたと、松田調教師を批判する声もあった。確かに「変則二冠」は、若い馬には過酷だ。ただ、種牡馬となったキングカメハメハは松田の狙いどおり、大成功を収めた。もちろん、それは産駒《さんく》成績が良かったからだが、「変則二冠」達成という実績が多くの生産者に魅力的に映ったことも間違いなくあるだろう。

フリオーソ

中央の馬と互角に戦った地方競馬の雄

活躍年：06（平成18）～12（平成24）
性別・毛色：牡、栗毛
血統：父・ブライアンズタイム、母・ファーザ、母父・Mr. Prospector

1995年の「交流元年」以降、地方競馬の馬が中央競馬の重賞に参戦したり、その反対に中央競馬の馬が地方競馬の重賞に参戦したりすることが盛んになった。ただ、「交流」とは言っても実態としては、地方の馬が中央の重賞を勝つより、中央の馬が地方の重賞を勝つケースが圧倒的に多く、言葉は悪いが地方は中央の馬にとっての「狩り場」となっていた。

そんななか、地方の船橋競馬所属の馬として中央の馬を果敢《かかん》に迎え撃ち、互角に戦ったのが**フリオーソ**だ。まさに、フリオーソは地方競馬の最後の砦《とりで》のような存在だった。

2006年7月のデビュー戦で勝利を挙げたフリオーソは、同年暮れには地方の2歳チャンピオンを決める全日本2歳優駿にも勝ち、早くも頭角《とうかく》を現した。翌年、陣営は中央の芝レースへの挑戦を決意。共同通信杯とスプリングステークスに連続参戦したものの、7着、11着と歯が立たず、地方のダート戦線に戻ることとなった。

そして、これ以降2007年から2012年まで、年齢でいえば3歳から8歳までの6年間という長きにわたり、フリオーソは地方のダート重賞で中央の馬と戦い続けるのである。その対戦相手となったのは、**ヴァーミリアン**、**カネヒキリ**、**スマートファルコン**といったダートレースの歴史に名を残す中央の強豪たちばかりだった。

残念ながら、さすがにそれら中央のダート名馬には分《ぶ》が悪く、2着に終わることが多かった。しかし、別の見方をすれば、ほかにも数多く参戦していた中央の馬は抑えて、しっかり2着はキープしたのである。

また、ときには勝利を収めることもあった。たとえば、2010年に大井競馬場で行なわれた帝王賞では5番人気ながら、ヴァーミリアン、カネヒキリ、スマートファルコンの3頭を破り、1着となっている。あるいは2011年に船橋競馬場で行なわれた、かしわ記念では、中央ダートGIであるジャパンカップダートとフェブラリーステークスの両方を制していた**エスポワールシチー**

を破り、勝利しているのだ。

◆フェブラリーステークスでの価値ある2着

基本的にフリオーソは地方を舞台に中央の馬と戦うことが多かったが、中央のダートGⅠに挑戦しなかったわけではない。2007年と翌年には、ジャパンカップダートに挑戦している。ただ、この2回は10着と7着に終わった。

だが、7歳となっていた2011年に、今度はフェブラリーステークスに挑戦。ここで2着に食い込み、中央でも通用することと力が衰えていないところを見せつけた。しかも、このとき1着だったのは、次走で海外GⅠドバイワールドカップに出走し、2着に健闘した**トランセンド**だった。フェブラリーステークスにおけるフリオーソの2着は大きな価値があったといえるだろう。

フリオーソは、2012年12月に大井競馬場で行なわれた東京大賞典への出走を最後に引退。生涯に稼いだ獲得賞金8億4546万6000円は、現在に至るまでも地方所属馬の最高記録となっている。また、その年もっとも活躍した地方馬を表彰するNARグランプリ年度代表馬にも4度選ばれた。

フリオーソ　トータル成績 39戦11勝(11-14-2-12)

日付	開催	レース	芝/ダ	距離	人気・着順	騎手
06/7/28	船橋	中央認定ア	ダ	1400	2人1着	石崎
06/9/20	船橋	ナドアルシバRCC	ダ	1600	1人1着	石崎
06/10/25	船橋	平和賞重	ダ	1600	1人2着	石崎
06/12/13	川崎	GⅠ全日本2歳優駿(中央交流)	ダ	1600	5人1着	内田
07/2/4	東京	JpnⅢ共同通信杯	芝	1800	4人7着	内田
07/3/18	中山	JpnⅡスプリングS	芝	1800	9人11着	中舘
07/5/9	大井	羽田盃	ダ	1800	1人3着	内田
07/6/6	大井	東京ダービー	ダ	2000	1人2着	内田
07/7/11	大井	JpnⅠジャパンDダービー(中央交流)	ダ	2000	3人1着	今野
07/10/31	大井	JpnⅠJBCクラシック(中央交流)	ダ	2000	3人2着	内田
07/11/24	東京	GⅠジャパンCダート	ダ	2100	9人10着	内田
07/12/29	大井	JpnⅠ東京大賞典(中央交流)	ダ	2000	2人2着	今野
08/1/30	川崎	JpnⅠ川崎記念(中央交流)	ダ	2100	2人2着	今野
08/3/5	船橋	JpnⅡダイオライト記念(中央交流)	ダ	2400	1人1着	戸崎
08/6/25	大井	JpnⅠ帝王賞(中央交流)	ダ	2000	1人1着	戸崎
08/9/23	船橋	JpnⅡ日本TV盃(中央交流)	ダ	1800	1人2着	川島
08/11/3	園田	JpnⅠJBCクラシック(中央交流)	ダ	1870	3人4着	戸崎
08/12/7	阪神	GⅠジャパンCダート	ダ	1800	12人7着	戸崎
08/12/29	大井	JpnⅠ東京大賞典(中央交流)	ダ	2000	4人5着	戸崎
09/1/28	川崎	JpnⅠ川崎記念(中央交流)	ダ	2100	3人2着	戸崎
09/3/11	船橋	JpnⅡダイオライト記念(中央交流)	ダ	2400	1人1着	戸崎
09/5/5	船橋	JpnⅠかしわ記念(中央交流)	ダ	1600	3人5着	戸崎
09/6/24	大井	JpnⅠ帝王賞(中央交流)	ダ	2000	2人2着	戸崎
09/8/13	門別	JpnⅡブリーダーズGC(中央交流)	ダ	2000	1人4着	戸崎
09/12/29	大井	JpnⅠ東京大賞典(中央交流)	ダ	2000	4人7着	戸崎
10/1/27	川崎	JpnⅠ川崎記念(中央交流)	ダ	2100	3人2着	M.デムーロ
10/3/10	船橋	JpnⅡダイオライト記念(中央交流)	ダ	2400	1人5着	戸崎
10/5/5	船橋	JpnⅠかしわ記念(中央交流)	ダ	1600	5人2着	戸崎
10/6/30	大井	JpnⅠ帝王賞(中央交流)	ダ	2000	5人1着	戸崎
10/9/23	船橋	JpnⅡ日本TV盃(中央交流)	ダ	1800	1人1着	戸崎
10/11/3	船橋	JpnⅠJBCクラシック(中央交流)	ダ	1800	1人2着	戸崎
10/12/29	大井	JpnⅠ東京大賞典(中央交流)	ダ	2000	2人2着	戸崎
11/1/26	川崎	JpnⅠ川崎記念(中央交流)	ダ	2100	1人1着	戸崎
11/2/20	東京	GⅠフェブラリーS	ダ	1600	3人2着	M.デムーロ
11/5/5	船橋	JpnⅠかしわ記念(中央交流)	ダ	1600	2人1着	戸崎
11/9/23	船橋	JpnⅡ日本TV盃(中央交流)	ダ	1800	競走除外	戸崎
12/1/25	川崎	JpnⅠ川崎記念(中央交流)	ダ	2100	2人3着	戸崎
12/3/14	船橋	JpnⅡダイオライト記念(中央交流)	ダ	2400	2人5着	戸崎
12/5/2	船橋	JpnⅠかしわ記念(中央交流)	ダ	1600	1人2着	戸崎
12/12/29	大井	GⅠ東京大賞典	ダ	2000	5人6着	戸崎

「実績」よりも「適性」ということを教えてくれた

ナカヤマフェスタ

活躍年：08（平成20）～11（平成23）
性別・毛色：牡、鹿毛
血統：父・ステイゴールド、母・ディアウィンク、
母父・タイトスポット

2008年11月の新馬戦に勝った**ナカヤマフェスタ**は、同月の東京スポーツ杯2歳ステークスでも連勝を決め、早くも重賞勝ち馬となった。

だが、3歳になって出走した皐月賞では8着と惨敗。続くダービーでも追い上げは見せたものの4着に敗れてしまった。その後、4か月の休み明けで出走した9月のセントライト記念では久々に勝利を挙げ、重賞2勝目となる。しかし、菊花賞では12着と大敗し、さらに12月に出走したGⅢ中日新聞杯でも13着と、2戦連続2ケタ着順でいいところなしだった。

2010年、4歳となったナカヤマフェスタは4月にメトロポリタンステークスに出走。重賞ではないこのレースで3番人気に留まったことからも、この時期のナカヤマフェスタに対する期待の薄さがわかる。しかし、ここでは重賞2勝の地力が物をいったか、さすがに勝利を収めた。

次走にナカヤマフェスタはGⅠ宝塚記念を選んだ。当日は単勝オッズ37・8倍の8番人気。ここまでの成績を考えれば妥当《だとう》なところだろう。ところが、このレースでナカヤマフェスタは勝利を収めるのだ。思わぬ伏兵のGⅠ制覇にファンは唖然《あぜん》としたが、レース後、さらに唖然とすることがあった。なんと、陣営がナカヤマフェスタの凱旋門賞挑戦を表明したのだ。

凱旋門賞といえば、日本の最強馬たちが挑戦してきた世界最高峰のレースである。クラシック3冠戦では通用せず、GⅢでもコロッと負け、ようやくGⅠをひとつ勝っただけの馬の挑戦に多くの人は首をかしげた。しかし、陣営はメトロポリタンステークスに勝った時点で凱旋門賞の一次登録をしていた。つまり、前々からの計画だったのだ。

そして、遠征での鞍上《あんじょう》は蛯名《えびな》正義《まさよし》騎手に決定する。ナカヤマフェスタが所属する二ノ宮《にのみや》敬宇《よしたか》厩舎と蛯名騎手の組み合わせといえば、この11年前、**エルコンドルパサー**で挑戦した凱旋門賞で、あまりに惜しい2着となったときと同じコンビである。そう、あのときの忘れ物を取りにチーム・エルコンドルがふたたび動き出したのだ。

◆陣営だけは信じていた勝利の可能性

ナカヤマフェスタはフランスに渡ると、かつてエルコンドルパサーが1着となったフォワ賞で2着と健闘。ただ、この段階でも日本のファンの多くは、まだ半信半疑《はんしんはんぎ》といったところだった。そして、ついに凱旋門賞本番を迎える。

当日のナカヤマフェスタは9番人気で、エルコンドルパサーが2番人気だったのとは大きく違っていた。現地のファンの評価もその程度だったのだ。だが、レースが始まると、ナカヤマフェスタは道中何度も不利を受けながらも、直線でいったん先頭に立った。内から4番人気のイギリス馬**ワークフォース**も伸びてくる。そのままゴールまで2頭は激しく競り合ったが、ナカヤマフェスタは惜しくもアタマ差の2着に敗れた。

日本のファンはこの意外な結果に驚き、喜んだ。しかし、陣営だけはエルコンドルパサーでの経験から、ナカヤマフェスタの凱旋門賞の適性を見抜き、最初から勝負になる可能性があると信じていたのだろう。そうでなければ、馬にも人にも負担が大きく、出費もバカにならない海外遠征などに行くはずもない。

帰国初戦のジャパンカップでナカヤマフェスタは14着と大敗。翌年もフラン

ナカヤマフェスタ　トータル成績 15戦5勝(5-3-0-7)

日付	開催	レース	芝/ダ	距離	人気・着順	騎手
08/11/2	東京	サラ系2歳新馬	芝	1600	3人1着	内田
08/11/22	東京	JpnⅢ東スポ杯2歳S	芝	1800	9人1着	蛯名
09/1/18	中山	GⅢ京成杯	芝	2000	1人2着	蛯名
09/4/19	中山	JpnⅠ皐月賞	芝	2000	6人8着	蛯名
09/5/31	東京	JpnⅠ日本ダービー	芝	2400	9人4着	蛯名
09/9/20	中山	JpnⅡセントライト記念	芝	2200	2人1着	蛯名
09/10/25	京都	JpnⅠ菊花賞	芝	3000	4人12着	蛯名
09/12/12	中京	GⅢ中日新聞杯	芝	2000	3人13着	蛯名
10/4/24	東京	メトロポリタンS(オープン)	芝	2400	3人1着	柴田
10/6/27	阪神	GⅠ宝塚記念	芝	2200	8人1着	柴田
10/9/12	仏・ロンシャン	GⅡフォワ賞	芝	2400	3人2着	蛯名
10/10/3	仏・ロンシャン	GⅠ凱旋門賞	芝	2400	9人2着	蛯名
10/11/28	東京	GⅠジャパンC	芝	2400	2人14着	蛯名
11/9/11	仏・ロンシャン	GⅡフォワ賞	芝	2400	4人4着	蛯名
11/10/2	仏・ロンシャン	GⅠ凱旋門賞	芝	2400	10人11着	蛯名

スに遠征に向かうが好成績を残せず、引退した。

結局、最後までナカヤマフェスタは、日本のファンの目の前で「この馬は強い」という印象を残すレースはしなかった。成績的にも、とても最強馬とはいえない。

だが、そんな日本での「実績」などより、フランスでの「適性」が重要ということを教えてくれたことで、日本馬による凱旋門賞制覇の可能性を広げてくれたという功績はけっして小さくはない。

大震災の2週間後に希望を届けた

ヴィクトワールピサ

活躍年：09（平成21）～11（平成23）
性別・毛色：牡、黒鹿毛
血統：父・ネオユニヴァース、母・ホワイトウォーターアフェア、母父・Machiavellian

ヴィクトワールピサは、２００９年10月の新馬戦でデビュー。このレースでは、のちのＧⅠ２勝馬**ローズキングダム**の２着に終わるが、中１週で出走した未勝利戦で勝ち上がった。次走も勝ち、さらに年末のラジオＮＩＫＫＥＩ杯２歳ステークスにも勝利を収め、３連勝で重賞制覇を果たした。この時点でヴィクトワールピサは翌年のクラシックの有力候補となった。

年明け初戦で出走した弥生賞を快勝したヴィクトワールピサは、クラシック第一弾の皐月賞を１番人気で迎えた。そして、その人気を裏切らず、道中はじっと後方の内側に控え、直線に入ると、そのまま最内《さいうち》から抜け出して勝利した。

６戦５勝の好成績で向かったダービーでも、当然ながらヴィクトワールピサは１番人気に支持された。しかし、先に抜け出した**エイシンフラッシュ**、**ローズキングダム**をかわすことができず、３着に敗れてしまう。

普通なら、ここで休養に入り、秋のクラシック第三弾の菊花賞に備えるだろう。だが、ヴィクトワールピサの調教師だった角居勝彦《すみいかつひこ》は、フランスのGⅠ凱旋門賞への挑戦を発表する。日本調教馬が3歳で凱旋門賞に挑戦するのは初めてのことであり、これは異例中の異例だった。

ただ、角居は以前から積極的に海外遠征を行なう調教師であり、多くの実績を残していた。それに、ヴィクトワールピサは皐月賞を勝った時点で凱旋門賞への出走登録を済ませており、これは既定の路線だったのである。

同年8月にフランスに渡ったヴィクトワールピサは前哨戦のニエル賞に出走したが、4着に敗北。続く凱旋門賞でも、1着馬から8馬身以上離れた7着に終わった。ここは力不足だったというほかない。

帰国したヴィクトワールピサはジャパンカップに出走するが、ここでも3着に敗れた。しかし、年内最後の有馬記念では、1番人気の**ブエナビスタ**をハナ差で退《しりぞ》けて勝利。こうして、激動に満ちたヴィクトワールピサの2010年は締めくくられた。

翌2011年、4歳となったヴィクトワールピサのもとに、アラブ首長国連邦のＧＩであるドバイワールドカップへの招待状が届く。ドバイワールドカップはアラブの王族シェイク・モハメドが１９９５年に創設した当時最高賞金額のレースで、過去に数々の日本馬が挑戦していたが、すべて敗れ去っていた。

角居調教師は、この招待を受諾《じゅだく》する。日本を出国したヴィクトワールピサは同年3月10日にドバイに到着した。ところが、その翌日の11日、未曽有《みぞう》の災害となった東日本大震災が日本を襲ったのである。

◆暗いニュースが続く日本に届けられた吉報

東日本大震災発生時にまだ日本にいた角居調教師は、こんなときに競馬のために海外へ行ってよいのか深く悩んだという。だが、最終的には日本に朗報を届けようと自身を奮《ふる》い立たせてドバイへと向かった。

迎えた3月26日のドバイワールドカップ本番。ヴィクトワールピサは陣営の熱い思いを背に出走した。スタートが悪く、最後方からの競馬となったが、向正面で一気に進出。残り３００メートル付近で早くも先頭に立つと、そのまま押し切り、このレースを日本馬として初制覇する。ちなみに、2着馬も日本馬

ヴィクトワールピサ　トータル成績 15戦8勝(8-1-2-4)

日付	開催	レース	芝/ダ	距離	人気・着順	騎手
09/10/25	京都	サラ系2歳新馬	芝	1800	1人2着	武豊
09/11/7	京都	サラ系2歳未勝利	芝	2000	1人1着	武豊
09/11/28	京都	京都2歳S(オープン)	芝	2000	1人1着	武豊
09/12/26	阪神	JpnⅢR-NIKKEI杯2歳S	芝	2000	1人1着	武豊
10/3/7	中山	GⅡ弥生賞	芝	2000	1人1着	武豊
10/4/18	中山	GⅠ皐月賞	芝	2000	1人1着	岩田
10/5/30	東京	GⅠ日本ダービー	芝	2400	1人3着	岩田
10/9/12	仏・ロンシャン	GⅡニエル賞	芝	2400	――4着	武豊
10/10/3	仏・ロンシャン	GⅠ凱旋門賞	芝	2400	12人7着	武豊
10/11/28	東京	GⅠジャパンC	芝	2400	8人3着	M.ギュイヨン
10/12/26	中山	GⅠ有馬記念	芝	2500	2人1着	M.デムーロ
11/2/27	中山	GⅡ中山記念	芝	1800	1人1着	M.デムーロ
11/3/26	UAE・メイダン	GⅠドバイワールドC	AW	2000	発売なし1着	M.デムーロ
11/11/27	東京	GⅠジャパンC	芝	2400	4人13着	M.デムーロ
11/12/25	中山	GⅠ有馬記念	芝	2500	4人8着	M.デムーロ

の**トランセンド**で、日本馬のワンツーフィニッシュという快挙だった。

ヴィクトワールピサに騎乗していたミルコ・デムーロは、日本での騎乗経験も豊富な騎手であり、レース後のインタビューで「この勝利をニッポンの皆様に捧《ささ》げます」と涙を浮かべながら語った。

帰国後のヴィクトワールピサは、その後勝利を挙げられず、引退した。だが、震災の暗いニュースばかりが続いていたあの時期、ヴィクトワールピサの勝利が数少ない明るいニュースであり、希望となったことを、競馬ファンは忘れていない。

日本馬鬼門の香港スプリントを二連覇した

ロードカナロア

活躍年：10（平成22）～13（平成25）
性別・毛色：牡、鹿毛
血統：父・キングカメハメハ、母・レディブラッサム、母父・Storm Cat

日本馬が海外のGIレースを勝つことが日常的な光景となっていた平成後半、少し不思議な鬼門《きもん》が残っていた。香港の短距離GI、香港スプリントである。

香港では毎年12月に、2400メートルの香港ヴァーズ、2000メートルの香港カップ、1600メートルの香港マイル、1200メートルの香港スプリントという4つの芝GIを1日で行なう香港国際競走を開催している。

このうち香港スプリント以外のレースで日本馬は何度も勝利を収めていたが、どうしても香港スプリントだけは勝つことができなかった。香港競馬界では、この距離を得意とする馬の層が厚かったためである。そんな、「短距離王国」香港の壁を打ち破ったのが**ロードカナロア**だ。

2010年12月の芝1200メートルの新馬戦を6馬身差で圧勝したロードカナロアは、その後、短距離戦線で活躍。とくに1200メートルのスプリント戦での強さは抜群であり、2011年4月から同距離のレースを5連勝し、重賞制覇を果たしている。

2012年3月の高松宮記念で初めてGⅠレースに出走するが、ここでは3着に敗れた。ロードカナロアが生涯で連対を外したのは、このレースだけである。また、1200メートル戦での初めての敗戦となった。

そこから2走続けて2着となり、少し足踏みをする。だが、9月に1200メートルのGⅠであるスプリンターズステークスに出走すると、中団から強烈な追い込みを見せ、コースレコードでGⅠ初制覇を果たした。

この勢いのまま、ロードカナロアは12月に年内最終戦として香港スプリントに出走。前年まで香港スプリントには日本から13頭が挑戦していたが、5着が最高着順だった。しかし、ロードカナロアは好スタートを決めると、直線で抜け出して押し切り、地元香港馬の**セリースチェリー**に2馬身半差をつける完勝を収める。基本的にスプリント戦は着差がつきにくく、2馬身半差というのはこの時点での同レースにおける歴代2位の記録だった。

こうして、ロードカナロアはついに「短距離王国」香港で、「凱旋門級の難しさ」という人もいるほどの香港スプリントを日本馬として初制覇した。ちなみに、香港では出走馬の名前はすべて漢字表記され、ロードカナロアは「龍王」である。ただ、カナロアとはハワイ神話に出てくるタコやイカの姿をした海神だ。本当なら「蛸王」か「烏賊王」と表記されるべきだったかもしれない。

◆スプリンターとして初めて年度代表馬に

2013年、5歳となったロードカナロアは2月に阪急杯に出走し、1400メートル戦で初勝利を挙げる。さらに、高松宮記念で前年の雪辱を晴らすと、1600メートルのGIである安田記念でも勝利を収めた。ロードカナロアは前年よりもいっそう強くなっており、もはや1200メートルのスペシャリストに留まらず、1600メートルまでを守備範囲とする短距離界の王者となっていた。

秋にはスプリンターズステークスを連覇すると、ロードカナロアは前年に続き香港スプリントへの出走を表明。同時にこのレースで引退することも決められた。レース当日、ロードカナロアは断トツの1番人気に支持された。1年前

ロードカナロア　トータル成績 19戦13勝(13-5-1-0)

日付	開催	レース	芝/ダ	距離	人気・着順	騎手
10/12/5	小倉	サラ系2歳新馬	芝	1200	1人1着	古川
11/1/5	中山	ジュニアC(オープン)	芝	1600	1人2着	蛯名
11/1/29	京都	サラ系3歳500万下	芝	1400	1人2着	福永
11/4/16	小倉	ドラセナ賞500万下	芝	1200	1人1着	北村
11/5/14	京都	葵S(オープン)	芝	1200	1人1着	北村
11/11/6	京都	京洛S(オープン)	芝	1200	1人1着	福永
11/11/26	京都	GⅢ京阪杯	芝	1200	1人1着	福永
12/1/28	京都	GⅢシルクロードS	芝	1200	1人1着	福永
12/3/25	中京	GⅠ高松宮記念	芝	1200	1人3着	福永
12/6/17	函館	GⅢ函館スプリントS	芝	1200	1人2着	福永
12/9/9	阪神	GⅡセントウルS	芝	1200	1人2着	岩田
12/9/30	中山	GⅠスプリンターズS	芝	1200	2人1着	岩田
12/12/9	香港・沙田	GⅠ香港スプリント	芝	1200	3人1着	岩田
13/2/24	阪神	GⅢ阪急杯	芝	1400	1人1着	岩田
13/3/24	中京	GⅠ高松宮記念	芝	1200	1人1着	岩田
13/6/2	東京	GⅠ安田記念	芝	1600	1人1着	岩田
13/9/8	阪神	GⅡセントウルS	芝	1200	1人2着	岩田
13/9/29	中山	GⅠスプリンターズS	芝	1200	1人1着	岩田
13/12/8	香港・沙田	GⅠ香港スプリント	芝	1200	1人1着	岩田

は3番人気だったが、すでに香港の人たちもこの馬の強さを認めていたのだ。そして、同レース史上最高着差となる5馬身差で連覇を果たし、有終の美を飾る。それは、圧巻の強さだった。

引退したロードカナロアは、同年、フォア賞と有馬記念で勝利を収め、凱旋門賞でも2着だった**オルフェーヴル**を抑えて2013年度の年度代表馬に選ばれた。1200メートル戦を主戦場とするスプリンターが年度代表馬となるのは日本競馬史上初のことだった。

平成の年度代表馬(JRA賞)一覧…2010～2019

年	受賞馬	性・齢	年度成績と主な勝ち鞍
2010(平成22)	ブエナビスタ	牝4	7戦3勝【中央6戦3勝、海外1戦0勝】:ヴィクトリアマイル、天皇賞(秋)
2011(平成23)	オルフェーヴル	牡3	8戦6勝:3歳クラシック三冠(皐月賞、日本ダービー、菊花賞)、有馬記念
2012(平成24)	ジェンティルドンナ	牝3	7戦6勝:3歳牝馬三冠(桜花賞、オークス、秋華賞)、ジャパンカップ
2013(平成25)	ロードカナロア	牡5	6戦5勝【中央5戦4勝、海外1戦1勝】:高松宮記念、安田記念、スプリンターズステークス、香港スプリント
2014(平成26)	ジェンティルドンナ	牝5	6戦2勝【中央5戦1勝、海外1戦1勝】:有馬記念、ドバイシーマクラシック
2015(平成27)	モーリス	牡4	6戦6勝【中央5戦5勝、海外1戦1勝】:安田記念、マイルチャンピオンシップ、香港マイル
2016(平成28)	キタサンブラック	牡4	6戦3勝:天皇賞(春)、ジャパンカップ
2017(平成29)	キタサンブラック	牡5	6戦4勝:大阪杯、天皇賞(春)、天皇賞(秋)、有馬記念
2018(平成30)	アーモンドアイ	牝3	5戦5勝:3歳牝馬三冠(桜花賞、オークス、秋華賞)、ジャパンカップ
2019(平成31/令和元)	リスグラシュー	牝5	5戦3勝【中央3戦2勝、海外2戦1勝】:宝塚記念、有馬記念、コックスプレート

4章 ファンの心に刻まれた個性派たち

怪我ひとつなく51戦を走り、「鉄の女」と呼ばれたイクノディクタス、有馬記念3年連続3着の珍記録保持者ナイスネイチャ、つねに大逃げを打ち、ファンの喝采《かっさい》を浴びたツインターボ、勝つも負けるも気分次第だったゴールドシップ……。そんな個性派たちがいるから、競馬は楽しい。

メジロライアン

母性本能をくすぐった未完の大器

活躍年：89（平成元）～92（平成4）
性別・毛色：牡、鹿毛
血統：父・アンバーシャダイ、母・メジロチェイサー、母父・メジロサンマン

メジロライアンは、とにかく人気のある馬だった。その人気は、まず端的《たんてき》にオッズに現れていた。

1989年7月にデビューするも、3連敗。4戦目の未勝利戦でようやく初勝利を挙げるが、その次のレースでは、すぐに1番人気となっている。ここまで4戦1勝の成績にすぎない馬にしては、人気になりすぎだ。結果、このレースでは5着に終わり、さすがに6戦目では7番人気に落ちた。

だが、その6戦目のひいらぎ賞で勝利を挙げると、1990年の年明け初戦に出走したジュニアカップではさっそく2番人気に戻っている。ここからメジロライアンは連勝を遂げ、弥生賞に勝って重賞を初制覇。この弥生賞でGI朝日杯3歳ステークスの勝ち馬である**アイネスフウジン**を破っていることもあり、クラシック第一弾の皐月賞では2番人気に支持された。

そして、その皐月賞で3着に終わったにもかかわらず、なんと次のダービーでは1番人気に支持されるのだ。勝率は5割に満《み》たず、重賞勝ちはひとつだけ。その重賞でアイネスフウジンを破っているとはいえ、レースは不良馬場でのものだった。後出《あとだ》しかもしれないが、ダービーでの1番人気は過剰人気というほかない。結果、メジロライアンはダービーでも2着に敗れた。

このようなメジロライアンの人気ぶりは、ファンからだけのものではなかった。秋に入って京都新聞杯を勝ったメジロライアンは、菊花賞に1番人気で出走。しかし、このレースを勝ったのはメジロ軍団の同期である**メジロマックイーン**だった。

するとレース後、メジロライアンとメジロマックイーンの馬主であり、「メジロのおばあちゃん」として親しまれていた北野ミヤは、「もう一頭のメジロに勝ってほしかった」と発言してしまうのである。馬主からも依怙贔屓《えこひいき》されていたのだ。さらに、年末の有馬記念では、メジロライアンをどうしても勝たせたいという北野ミヤの意向から、メジロマックイーンは同レースを回避することになった。なんとも、メジロマックイーンがかわいそうすぎる……。

◆伝説となった有馬記念での「ライアン事件」

そんな有馬記念では、メジロライアンの人気を象徴する出来事が起きた。いまも語り草となっている「ライアン事件」である。

3番人気で迎えたこの年の有馬記念は、**オグリキャップ**の劇的な復活で終わり、メジロライアンは2着に敗れている。その最後の直線で、テレビ中継の解説を務めていた競馬評論家の大川慶次郎《おおかわけいじろう》が、アナウンサーがレース実況をしているにもかかわらず、「ライアン！　ライアン！」と大声で叫んでしまったのだ。解説者が実況をさえぎっていきなり叫び出すというのは、かなり異例のことである。競馬評論の第一人者であり、「競馬の神様」とも呼ばれていた大川慶次郎にもメジロライアンは愛されていたのだ。

その後、メジロライアンは1991年の宝塚記念でメジロマックイーンを破り、念願のGI初制覇を果たした。しかし、これ以降GI勝ちをすることなく、引退している。ただ、最後までレースでは、つねに上位人気に支持されていた。

いまとなっては、なぜあそこまでメジロライアンに人気があったのかは、よくわからない。雄大《ゆうだい》な馬体の持ち主だったことや大レースで惜敗《せきはい》を続けたこと

メジロライアン　トータル成績 19戦7勝(7-4-3-5)

日付	開催	レース	芝/ダ	距離	人気・着順	騎手
89/7/9	函館	サラ系3才新馬	芝	1200	2人2着	柏崎
89/7/22	函館	サラ系3才新馬	芝	1200	1人6着	柏崎
89/10/29	京都	サラ系3才未勝利	芝	1400	4人3着	横山
89/11/18	東京	サラ系3才未勝利	芝	1600	2人1着	横山
89/12/3	中山	葉牡丹賞400万下	芝	2000	1人5着	安田
89/12/23	中山	ひいらぎ賞400万下	芝	1600	7人1着	横山
90/1/20	中山	ジュニアC(オープン)	芝	2000	2人1着	横山
90/3/4	中山	GⅡ弥生賞	芝	2000	2人1着	横山
90/4/15	中山	GⅠ皐月賞	芝	2000	2人3着	横山
90/5/27	東京	GⅠ日本ダービー	芝	2400	1人2着	横山
90/10/14	京都	GⅡ京都新聞杯	芝	2200	1人1着	横山
90/11/4	京都	GⅠ菊花賞	芝	3000	1人3着	横山
90/12/23	中山	GⅠ有馬記念	芝	2500	3人2着	横山
91/3/10	中山	GⅡ中山記念	芝	1800	1人2着	横山
91/4/28	京都	GⅠ天皇賞(春)	芝	3200	2人4着	横山
91/6/9	京都	GⅠ宝塚記念	芝	2200	2人1着	横山
91/12/22	中山	GⅠ有馬記念	芝	2500	5人12着	横山
92/1/26	中山	GⅡAJCC	芝	2200	1人6着	的場
92/3/22	中山	GⅡ日経賞	芝	2500	1人1着	横山

が母性本能をくすぐったからというのが、よく人気の理由に挙げられる。

だが、見栄《みば》えのいい馬体の馬はほかにもたくさんいるし、GIで勝ち切れないレースをくり返す馬もたくさんいる。若き日の横山典《よこやまのり》弘《ひろ》騎手とのコンビが印象深いという人も多いだろうが、実際は、好きになるのに理由などないのかもしれない。ともあれ、メジロライアンがあの時代屈指《くっし》の人気者だったことだけは確かだ。

無事是名馬の「鉄の女」

イクノディクタス

活躍年：89（平成元）〜93（平成5）
性別・毛色：牝、栗毛
血統：父・ディクタス、母・ダイナランディング、母父・ノーザンテースト

イクノディクタスはデビューから一度も故障することなく、引退まで51戦ものレースで走り続けたことで「鉄の女」と呼ばれた。いうまでもないが、「鉄の女」とは1980年代を通してイギリスの首相を務めていたマーガレット・サッチャーの異名《いみょう》であり、「強い女」を意味している。

だが、のちにそんなあだ名をつけられたイクノディクタスも、デビュー前には競走馬にとって不治《ふじ》の病ともいわれる屈腱炎《くっけんえん》を発症。一時は安楽死処分まで検討されたという過去をもっている。その苦難を装蹄師《そうていし》の懸命の努力によって克服し、なんとかデビューまでこぎつけた。そう、最初から「鉄の女」だったわけではなく、「ガラスの少女」が「鉄の女」になったのだ。

1989年7月に2歳でデビューしたイクノディクタスは、新馬戦とオープン戦を連勝するが、その後、なんと4歳まで14連敗を喫《きっ》し、勝ち星から遠ざか

ってしまう。敗戦のなかには重賞での惜しい2着などもあったが、とにかく勝てなかった。

1991年3月に約1年半ぶりとなる勝利を挙げ、次々走の京阪杯で重賞初制覇。ただ、そのあとまた年をまたいで12連敗してしまう。それでもイクノディクタスは現役を続行し、1992年5月に1年ぶり以上となる勝利を挙げると、6月から9月にかけて、金鯱賞《きんこ》、小倉記念、オールカマーとGⅢを3つも勝った。この年の夏は、イクノディクタスにとってひとつのピークだったといえるだろう。

ちなみに、5月から9月までの夏場に好成績が集中していることから、いつしかイクノディクタスは「夏女」とも呼ばれるようになっていた。その名のとおり、秋に入るとイクノディクタスはまたしても連敗街道に突入する。

◆GⅠ2連戦で「波乱の夏」の主役に

もし、このままで終わっていたら、イクノディクタスはGⅢ勝ちがある、ただのタフな牝馬《ひんば》というだけのことで、そのうち忘れ去られていたかもしれない。しかし、また夏場がめぐってきた1993年の5月と6月に、この馬にとっての本当のクライマックスが訪れる。

5月にGI安田記念に出走するが、イクノディクタスは全出走馬16頭中の14番人気と低評価だった。前年のオールカマー勝ち以来、また8連敗をしていたのだから、これは当然のことだろう。

1番人気はGI3勝の実績をもつ牝馬**ニシノフラワー**だった。ところが、この安田記念でイクノディクタスは、いつのまにか直線で抜け出してくると2着に食い込み、馬連6万8970円という大万馬券の立役者となるのだ。

だが、イクノディクタスの波乱の夏はこれで終わらなかった。次走の宝塚記念でも、8番人気ながら**メジロマックイーン**の2着となったのだ。実況をしていた杉本清《すぎもときよし》アナウンサーは「外からまたイクノディクタス!」と叫んだ。

ところで、この宝塚記念のほか、何度か同じレースで対戦していたメジロマックイーンがイクノディクタスに恋心を抱いていたという話がある。実際にそんなロマンスがあったかはわからないが、1993年をもって引退し、繁殖牝馬となったイクノディクタスの最初のお相手はメジロマックイーンとなった。

イクノディクタス　トータル成績 51戦9勝(9-8-5-29)

日付	開催	レース	芝/ダ	距離	人気・着順	騎手
89/7/23	小倉	サラ系3才新馬	芝	1000	3人1着	西浦
89/8/19	小倉	フェニックス賞(オープン)	芝	1200	2人1着	西浦
89/9/3	小倉	GⅢ小倉3歳S	芝	1200	1人9着	西浦
89/10/14	京都	萩S(オープン)	芝	1200	2人6着	西浦
89/11/11	京都	GⅡデイリー杯3歳S	芝	1400	7人5着	西浦
89/12/10	阪神	GⅢラジオたんぱ杯3歳牝馬S	芝	1600	4人3着	西浦
90/3/18	阪神	GⅡ報知4歳牝馬特別	芝	1400	8人11着	西浦
90/4/8	阪神	GⅠ桜花賞	芝	1600	18人11着	西浦
90/4/29	東京	GⅡサンスポ4歳牝馬特別	芝	2000	12人6着	中舘
90/5/20	東京	GⅠオークス	芝	2400	18人9着	中舘
90/9/30	中京	GⅢサファイヤS	芝	1700	8人3着	村本
90/10/21	京都	GⅡローズS	芝	2000	10人2着	村本
90/11/11	京都	GⅠエリザベス女王杯	芝	2400	9人4着	村本
91/1/27	京都	GⅢ京都牝馬特別	芝	1600	14人7着	松永
91/2/9	京都	すばるS(オープン)	芝	2000	7人4着	武豊
91/2/24	中京	GⅡマイラーズC	芝	1700	7人3着	松永
91/3/23	京都	コーラルS(オープン)	芝	1400	4人1着	松永
91/4/21	東京	GⅡ京王杯スプリングC	芝	1400	12人11着	松永
91/5/12	京都	GⅢ京阪杯	芝	2000	7人1着	村本
91/6/2	京都	GⅢ阪急杯	芝	1400	2人10着	村本
91/6/16	中京	GⅢ金鯱賞	芝	1800	5人7着	村本
91/7/14	小倉	小倉日経賞(オープン)	芝	1700	3人3着	村本
91/8/4	小倉	GⅢ北九州記念	芝	1800	3人2着	村本
91/8/25	小倉	GⅢ小倉記念	芝	2000	2人3着	村本
91/9/15	中京	GⅢ朝日CC	芝	2000	6人2着	村本
92/2/2	小倉	関門橋S(オープン)	芝	2000	4人2着	内田
92/2/23	小倉	GⅢ小倉大賞典	芝	1800	2人10着	安田
92/3/22	中京	GⅢ中京記念	芝	2000	4人8着	村本
92/4/5	阪神	GⅡ産経大阪杯	芝	2000	7人4着	村本
92/5/3	東京	メトロポリタンS(オープン)	芝	2300	3人2着	武豊
92/5/17	新潟	GⅢ新潟大賞典	芝	2200	5人4着	内田
92/5/30	阪神	エメラルドS(オープン)	芝	2500	2人1着	村本
92/6/21	中京	GⅢ金鯱賞	芝	1800	1人1着	村本
92/7/12	中京	GⅡ高松宮杯	芝	2000	3人12着	村本
92/8/30	小倉	GⅢ小倉記念	芝	2000	4人1着	村本
92/9/20	中山	GⅢオールカマー	芝	2200	4人1着	村本
92/10/11	東京	GⅡ毎日王冠	芝	1800	3人2着	村本
92/11/1	東京	GⅠ天皇賞(秋)	芝	2000	4人9着	村本
92/11/22	京都	GⅠマイルCS	芝	1600	10人9着	村本
92/11/29	東京	GⅠジャパンC	芝	2400	14人9着	村本
92/12/27	中山	GⅠ有馬記念	芝	2500	16人7着	村本
93/3/21	中山	GⅡ日経賞	芝	2500	5人6着	村本
93/4/4	阪神	GⅡ産経大阪杯	芝	2000	6人6着	村本
93/4/25	京都	GⅠ天皇賞(春)	芝	3200	14人9着	村本
93/5/16	東京	GⅠ安田記念	芝	1600	14人2着	村本
93/6/13	阪神	GⅠ宝塚記念	芝	2200	8人2着	村本
93/6/26	京都	TV愛知オープン	芝	2000	1人1着	村本
93/9/19	中山	GⅢオールカマー	芝	2200	4人7着	村本
93/10/10	東京	GⅡ毎日王冠	芝	1800	6人7着	村本
93/10/31	東京	GⅠ天皇賞(秋)	芝	2000	16人10着	村本
93/11/14	東京	富士S(オープン)	芝	1800	5人8着	田島

涙の有馬記念を演出した「奇跡の名馬」

トウカイテイオー

活躍年：90（平成2）〜93（平成5）
性別・毛色：牡、鹿毛
血統：父・シンボリルドルフ、母・トウカイナチュラル、母父・ナイスダンサー

トウカイテイオーは、無敗で制したクラシック三冠を含むGⅠ7勝を挙げ「皇帝」と称された**シンボリルドルフ**と、オークス馬である**トウカイローマン**の妹の**トウカイナチュラル**のあいだに生まれた良血馬だ。少し通俗的にいえば、最初から周囲の期待を一身に浴びて誕生した王子様のような存在だった。

そして、1990年にデビューすると、周囲の期待を裏切らない活躍を見せ、翌年には皐月賞とダービーを制覇。父と同じ無敗の二冠馬となる。ここまでは、光に包まれた幸福な王子としての道のりだったといえる。

そんなトウカイテイオーは当時、多くのファンを魅了。人気の理由には実績や血筋もあったが、長い前髪を垂《た》らし、貴公子然とした気品あるルックスも少なからずあった。また、トウカイテイオーの身体的特徴のひとつに極端な体の柔らかさがあり、そこから来る、弾《はず》むような踊るような独特の優美な歩き方は、

この馬らしい好ましい個性として愛された。

父に続いて無敗の二冠馬となったトウカイテイオーには、当然ながら父と同じく無敗の三冠馬になることが期待された。しかし、ダービーのレース直後に骨折が判明。長期休養に入り、三冠馬への夢は断たれてしまう。それでも、翌1992年4月に復帰し、産経大阪杯を快勝。次戦に選んだ天皇賞（春）では、同競走の前年度覇者で当時長距離レースにおいて無類の強さを発揮していた1歳年上の**メジロマックイーン**との「世紀の対決」が世間の注目を集めた。

だが、この「世紀の対決」はメジロマックイーンの圧勝に終わる。トウカイテイオーは直線に入ると失速し、メジロマックイーンから10馬身近く離れた5着に敗れてしまったのだ。さらに、レース後には2度目の骨折が発覚し、またしても休養を余儀《よぎ》なくされた。ここからトウカイテイオーの物語は、一種の貴《き》種流《しゅりゅう》離譚《りたん》の様相《ようそう》を見せ始める。

◆1年間の休養後にGⅠ勝利を果たす

1992年の秋に復帰したトウカイテイオーは、復帰初戦に天皇賞（秋）を選び、当日は1番人気に支持された。しかし、またしても直線で失速し、7着と惨敗《ざんぱい》する。この敗戦を見た評論家のなかには、「二冠は相手が弱かったから」と言う者もおり、また「もう終わった」という声も大きくなった。

ところが、次戦のジャパンカップでは「レース史上最強」とも評された豪華メンバーのなかで、5番人気に留《とど》まりながらも勝利を挙げるのである。これにより、誰もがトウカイテイオーは復活を遂げたと思い、次に出走した有馬記念では1番人気に支持される。しかし、この有馬記念では見せ場もないまま生涯最低の11着に終わり、そのうえ、年明けには馬体の故障が判明した。試練は終わっていなかったのだ。

故障の完治後に3度目の骨折もあり、トウカイテイオーの復帰戦は前走から364日ぶりのレースとなる1993年の有馬記念となった。常識的な判断では、1年間も休んでいた馬が、いきなりGIを勝つなどということは考えられない。レース当日のトウカイテイオーは4番人気で、完全に脇役扱いだった。

だが、馬場に入ってきたトウカイテイオーは、いいときと同じように優美で軽《かろ》やかな足どりを披露した。そして、レースでは1番人気の**ビワハヤヒデ**との

トウカイテイオー　トータル成績 12戦9勝(9-0-0-3)

日付	開催	レース	芝/ダ	距離	人気・着順	騎手
90/12/1	中京	サラ系3才新馬	芝	1800	1人1着	安田
90/12/23	京都	シクラメンS(オープン)	芝	2000	3人1着	安田
91/1/19	京都	若駒S(オープン)	芝	2000	1人1着	安田
91/3/17	中山	若葉S(オープン)	芝	2000	1人1着	安田
91/4/14	中山	GⅠ皐月賞	芝	2000	1人1着	安田
91/5/26	東京	GⅠ日本ダービー	芝	2400	1人1着	安田
92/4/5	阪神	GⅡ産経大阪杯	芝	2000	1人1着	岡部
92/4/26	京都	GⅠ天皇賞(春)	芝	3200	1人5着	岡部
92/11/1	東京	GⅠ天皇賞(秋)	芝	2000	1人7着	岡部
92/11/29	東京	GⅠジャパンC	芝	2400	5人1着	岡部
92/12/27	中山	GⅠ有馬記念	芝	2500	1人11着	田原
93/12/26	中山	GⅠ有馬記念	芝	2500	4人1着	田原

ゴール前の競《せ》り合いを制して、半馬身差で勝利するのである。

364日ぶりのGⅠ勝利は長期休養明けGⅠ勝利の最長記録であり、現在も破られていない。レース後、騎手の田原成貴《たばらせいき》は、「この勝利は、日本競馬の常識を覆《くつがえ》したトウカイテイオー、彼自身の勝利です。彼を褒《ほ》めてやってください」と涙を流しながら語った。

6歳となった翌年もトウカイテイオーは現役続行することとなったが、調教中に4度目の骨折を発症。引退を決めた。

だが、栄光と挫折、苦難と歓喜をくり返したトウカイテイオーの物語は、いまも語り継がれ続けている。

イソノルーブル

府中を駆け抜けた「裸足のシンデレラ」

活躍年：90（平成2）～91（平成3）
性別・毛色：牝、鹿毛
血統：父・ラシアンルーブル、母・キティテスコ、母父・テスコボーイ

イソノルーブルは、1990年9月の新馬戦を逃げ切ってレコードタイムで勝つと、次走も勝利。12月には8番人気ながらラジオたんぱ杯3歳牝馬ステークスでも逃げ切り勝ちを収め、3連勝で重賞制覇を果たした。

年が明けて1991年、3歳となったイソノルーブルは、エルフィンステークス、報知杯4歳牝馬特別でも連勝し、5戦全勝で牝馬クラシック第一弾の桜花賞へと向かった。だが、その桜花賞で競馬史に残る事件が起きる。

当日、イソノルーブルは1番人気に支持されていた。レースがスタートする10分前、騎乗していた松永幹夫《まつながみきお》は右前脚の蹄鉄《ていてつ》が落鉄《らくてつ》していることを発見する。急遽《きゅうきょ》、馬場内で装蹄師による蹄鉄の打ち直しが試《こころ》みられたが、レース直前で興奮状態にあったイソノルーブルは、それを激しく拒絶した。

イソノルーブル陣営は、いったん馬場から退去しての再装着を望んだが、レ

ース開始が遅れることを嫌がった主催者のＪＲＡは、その提案を拒否。結局、イソノルーブルは右前脚に蹄鉄を装着しないままレースに挑《いど》むこととなった。ちなみに、この時点で場内放送では観客に落鉄の事実は告げられていたものの、打ち直しが失敗したことは告げられなかった。

落鉄の影響がどこまであったかはわからないが、逃げ馬でありながらイソノルーブルはスタートダッシュができず、５着に敗れてしまう。レース後、陣営は落鉄を敗因に挙げた。

しかし、ＪＲＡは、蹄鉄の打ち直しに時間がかかった場合、待っているほかの馬に影響を与える可能性があること、蹄鉄を装着していなくてもレースで決定的に不利になる要因とは考えないことなどを理由に、イソノルーブルが右前脚だけ裸足のままレースをスタートさせたことは正しかったと説明した。

ただ、観客に打ち直しが失敗した事実を告げなかったことはマスコミ、ファンなどから強い批判を浴び、のちに馬券購入者による民事訴訟にまで発展している。これが、いわゆる「イソノルーブル落鉄事件」だ。

この一件以降、イソノルーブルは「裸足のシンデレラ」と呼ばれるようになった。最初にイソノルーブルをシンデレラに喩《たと》えたのは、作家の高橋源一郎《たかはしげんいちろう》だという。

継母《ままはは》とその連れ子である姉たちにいじめられ、汚い恰好でこき使われる日々を送りながら、魔法使いのお婆さんの力を借りて参加した舞踏会《ぶとうかい》でガラスの靴をなくしたシンデレラ。500万円という非常に安い値段で買われ、最初は期待されていなかったものの桜花賞まで進み、その晴れの舞台で蹄鉄を落としたイソノルーブルを、そんなシンデレラの物語に重ねたのは極めて巧《たく》みな比喩《ひゆ》だったといえる。

◆今度は「靴」を落とさずに幸せを掴《つか》む

だが、シンデレラの物語がガラスの靴をなくしたところで終わらなかったように、イソノルーブルの物語もまだ終わりではなかった。

桜花賞での敗戦から牝馬クラシック第二弾のオークスへと向かったイソノルーブルは、ここで**シスタートウショウ**をハナ差で退《しりぞ》けて、逃げ切り勝ちを収めるのである。もちろん、このレースでは4つの脚に、しっかりと蹄鉄はついた

イソノルーブル　トータル成績 8戦6勝(6-0-0-2)

日付	開催	レース	芝/ダ	距離	人気・着順	騎手
90/9/8	中京	サラ系3才新馬	芝	1000	1人1着	五十嵐
90/11/17	京都	3歳抽せん馬特別500万下	ダ	1400	5人1着	五十嵐
90/12/22	京都	GⅢラジオたんぱ杯3歳牝馬S	芝	1600	8人1着	五十嵐
91/2/3	京都	エルフィンS(オープン)	芝	1600	1人1着	五十嵐
91/3/17	中京	GⅡ報知4歳牝馬特別	芝	1200	1人1着	松永
91/4/7	京都	GⅠ桜花賞	芝	1600	1人5着	松永
91/5/19	東京	GⅠオークス	芝	2400	4人1着	松永
91/11/10	京都	GⅠエリザベス女王杯	芝	2400	2人16着	松永

ままだった。シンデレラと同じように、イソノルーブルにも幸福が待っていたのだ。

秋に入って、イソノルーブルは牝馬三冠目のエリザベス女王杯に出走するが16着と大敗。その後、故障が判明したため引退し、繁殖牝馬となった。

こうなると、シンデレラが物語の結末で素敵な王子様と結ばれたように、イソノルーブルのお相手にも注目が集まるようになった。一部のファンのなかにはイソノルーブルの王子様として、同世代の二冠馬であり、イソノルーブルが20番枠でオークスを勝った翌週に同じ20番枠でダービーに勝利した**トウカイテイオー**を熱望する声もあった。

ただ、残念ながらイソノルーブルはトウカイテイオーと結ばれることなく繁殖生活を終えている。そこまで物語どおりにいくものでもないだろう。

有馬記念3年連続3着の「ブロンズコレクター」

ナイスネイチャ

活躍年：90(平成2)～96(平成8)
性別・毛色：牡、鹿毛
血統：父・ナイスダンサー、母・ウラカワミユキ、母父・ハビトニー

作ろうと思っても作れない記録がある。それが、いまも伝説となっている**ナイスネイチャ**の有馬記念3年連続3着という珍記録だ。

1990年12月にデビューしたナイスネイチャは2戦目で勝ち上がったものの、体質の弱さもあって翌年春は休養。しかし、夏に復帰すると4連勝し、いちやく「夏の上がり馬」として菊花賞の有力候補となった。

その菊花賞では2番人気となったが、結果は4着。いまにして思えば、ここからナイスネイチャの「善戦路線」は始まっていた。年末に有馬記念に出走すると、ナイスネイチャは1番人気の**メジロマックイーン**に次ぐ、2番人気となった。だが、この1991年の有馬記念は、15頭立て14番人気の**ダイユウサク**が激走し、「これはビックリ、ダイユウサク！」と実況の堺正幸《さかいまさゆき》アナウンサーが叫ぶ波乱の結末となってしまう。2着はメジロマックイーンで、ナイスネイチ

ャは3着。これが、ナイスネイチャの有馬記念で1回目の3着だ。

翌年前半は体調不良から長期休養に入ったが、秋に復活すると、3着、4着、3着と好走。年末の有馬記念に出てくると、前年より2つ人気を落としたものの、それでも4番人気に支持された。しかし、この1992年の有馬記念は、16頭立て15番人気の**メジロパーマー**が捨て身の大逃げを打って勝利。2着は**レガシーワールド**。ナイスネイチャは、またしても3着に終わった。これが、有馬記念における2回目の3着である。

ただ、同じGⅠで2年連続3着はあり得るし、2回とも意外すぎる穴馬が生涯最高の走りを見せたという運のなさもあった。もし、この2回だけだったら、ナイスネイチャはただの不運な馬ということで終わっていたかもしれない。ところが翌年、ナイスネイチャは、もはや笑うしかない伝説の主人公となる。

◆あらゆる距離で長期間「善戦」したのは力の証明

1993年の秋シーズン、ナイスネイチャは天皇賞（秋）で15着、ジャパンカップで7着と、これまでにない不安定な成績を残していた。そのため、12月に有馬記念に出走した際は、14頭立て10番人気と低い支持に留まる。

しかし、**トウカイテイオー**が涙の復活勝利を果たし、**ビワハヤヒデ**が2着をキープしたこの年の有馬記念で、ナイスネイチャは、今度は穴馬としてちゃっかり3着に食い込んだのだ。こうして、有馬記念3年連続3着という前代未聞の珍記録が達成され、ナイスネイチャは伝説となった。

もっとも、ナイスネイチャを笑える珍記録の達成者と片づけてしまうのは、少々かわいそうかもしれない。本来、ナイスネイチャは2000メートル前後を得意とする中距離馬だったと考えられるが、有馬記念での3着のほかにも、1600メートルのマイルチャンピオンシップでも3着、3000メートルの菊花賞、3200メートルの天皇賞（春）でも4着と、どんな距離でも善戦しているのだ。これは力がなければできることではない。また、有馬記念3年連続3着も、それだけの長期間にわたって力を維持していたという証明でもある。

なかなか勝ち切れなかったのは、瞬発力に欠ける、いわゆるジリ脚だったからとされている。だが、歯車がもう少し噛《か》み合っていれば、もしかしたらあらゆる距離で勝利した伝説の最強馬となっていたかも……と、思わなくもない。

ナイスネイチャ　トータル成績 41戦7勝(7-6-8-20)

日付	開催	レース	芝/ダ	距離	人気・着順	騎手
90/12/2	京都	サラ系3才新馬	芝	1200	3人2着	松永
90/12/15	京都	サラ系3才新馬	ダ	1400	1人1着	松永
91/1/5	京都	福寿草特別500万下	芝	2000	3人6着	松永
91/1/19	京都	若駒S(オープン)	芝	2000	5人3着	松永
91/7/6	中京	なでしこ賞500万下	芝	1800	3人2着	松永
91/7/28	小倉	不知火特別500万下	芝	1800	1人1着	松永
91/8/10	小倉	はづき賞500万下	芝	1800	1人1着	松永
91/8/25	小倉	GⅢ小倉記念	芝	2000	1人1着	松永
91/10/13	京都	GⅡ京都新聞杯	芝	2200	2人1着	松永
91/11/3	京都	GⅠ菊花賞	芝	3000	2人4着	松永
91/12/8	阪神	GⅡ鳴尾記念	芝	2500	1人1着	松永
91/12/22	中山	GⅠ有馬記念	芝	2500	2人3着	松永
92/10/11	東京	GⅡ毎日王冠	芝	1800	1人3着	松永
92/11/1	東京	GⅠ天皇賞(秋)	芝	2000	2人4着	松永
92/11/22	京都	GⅠマイルCS	芝	1600	4人3着	松永
92/12/27	中山	GⅠ有馬記念	芝	2500	4人3着	松永
93/1/24	京都	GⅡ日経新春杯	芝	2200	1人2着	松永
93/3/14	阪神	GⅡ阪神大賞典	芝	3000	1人3着	南井
93/4/4	阪神	GⅡ産経大阪杯	芝	2000	2人2着	松永
93/10/10	東京	GⅡ毎日王冠	芝	1800	4人3着	松永
93/10/31	東京	GⅠ天皇賞(秋)	芝	2000	2人15着	松永
93/11/28	東京	GⅠジャパンC	芝	2400	15人7着	松永
93/12/26	中山	GⅠ有馬記念	芝	2500	10人3着	松永
94/1/23	中山	GⅡAJCC	芝	2200	2人7着	松永
94/4/3	阪神	GⅡ産経大阪杯	芝	2000	3人2着	松永
94/4/24	阪神	GⅠ天皇賞(春)	芝	3200	7人4着	松永
94/6/12	阪神	GⅠ宝塚記念	芝	2200	3人4着	松永
94/7/10	中京	GⅡ高松宮杯	芝	2000	5人1着	松永
94/10/9	東京	GⅡ毎日王冠	芝	1800	2人6着	松永
94/10/30	東京	GⅠ天皇賞(秋)	芝	2000	6人7着	松永
94/11/27	東京	GⅠジャパンC	芝	2400	11人8着	松永
94/12/25	中山	GⅠ有馬記念	芝	2500	11人5着	松永
95/2/12	京都	GⅡ京都記念	芝	2200	4人2着	松永
95/10/8	京都	GⅡ京都大賞典	芝	2400	5人8着	松永
95/11/26	東京	GⅠジャパンC	芝	2400	13人13着	松永
95/12/24	中山	GⅠ有馬記念	芝	2500	10人9着	松永
96/3/17	中京	GⅢ中京記念	芝	2000	7人4着	松永
96/4/6	中山	GⅢダービー卿CT	芝	1600	10人6着	松永
96/5/11	京都	GⅢ京阪杯	芝	2200	5人8着	松永
96/10/27	東京	GⅠ天皇賞(秋)	芝	2000	14人10着	松永
96/11/16	東京	GⅡアルゼンチン共和国杯	芝	2500	10人15着	松永

最後はみんなに愛された「淀の刺客」

ライスシャワー

活躍年：91（平成3）～95（平成7）
性別・毛色：牡、黒鹿毛
血統：父・リアルシャダイ、母・ライラックポイント、母父・マルゼンスキー

1991年8月にデビューした**ライスシャワー**は、初戦こそ1着だったものの、2戦目は11着と大敗。以後、1着、4着、8着、8着と不安定なレースをくり返し、当初は、それほど期待された馬ではなかった。だが、ダービーで16番人気ながら2着に食い込むという大健闘を見せる。

そして迎えた秋の菊花賞。この年の菊花賞は、そこまで二冠を獲得していた**ミホノブルボン**の三冠達成を多くの人が熱望していた。しかし、このレースでライスシャワーが勝ってしまうのである。ライスシャワーの父は長距離馬を数多く輩出《はいしゅつ》していた種牡馬《しゅぼば》であり、ダービー2着という実績からも3000メートルの菊花賞を勝つのは、そこまで不思議なことではない。実際、当日のライスシャワーは2番人気だった。だが、歴史的偉業を見られなかった観客たちは大きく落胆《らくたん》し、レース後、競馬場にはどこかしらけたような空気が漂った。

翌年、ライスシャワーは天皇賞（春）に出走。この年の天皇賞では**メジロマックイーン**の同競走三連覇に期待がかかっていた。ところが、ここでもライスシャワーは勝ってしまい、人々の悲願を打ち砕いてしまう。こうしてライスシャワーには、スターホースの記録達成を邪魔するライバルキャラというイメージがつき、「淀《よど》の刺客《しかく》」や「黒い刺客」、あるいは「殺し屋」というあだ名がつけられた。「淀」は、菊花賞と春の天皇賞の舞台だった京都競馬場の通称だ。

◆2年ぶりの復活と、宝塚記念ファン投票1位

それでも、このあとライスシャワーが無敵の快進撃を続けたのなら、ミホノブルボンやメジロマックイーンのファンも納得がいっただろう。だが、天皇賞（春）以降、ライスシャワーの成績は低迷。このままいけば、競馬ファンにとってライスシャワーは、ただの「邪魔者」という印象で終わっていたはずだ。

しかし、1995年の天皇賞（春）でライスシャワーは復活を遂げ、2年ぶりの勝利を挙げる。このとき実況の杉本清アナウンサーは、「メジロマックイーンもミホノブルボンも喜んでいることでしょう」とライスシャワーの勝利を伝

えた。すでにメジロマックイーンもミホノブルボンも引退していたが、彼らのライバルだったライスシャワーの勝利は、かつてのマックイーンやブルボンの勇姿《ゆうし》をファンに思い出させるものであり、感動的なものであった。

ライスシャワーが次のレースに選んだのは、ファン投票で出走馬が決まる宝塚記念だった。ここで、ライスシャワーはファン投票1位に選出される。この人気は、いまはいないメジロマックイーンやミホノブルボンの人気を背負ったものでもあっただろうが、ライスシャワーがライスシャワーとして、ようやくスターホースとして認められ、ファンに愛されたということでもあった。

……だが、その宝塚記念のレース中、ライスシャワーは骨折し、転倒。非業《ひごう》の死を遂げてしまう。それはまるで、長年、悪役、敵役ばかりを務めていた俳優が、初めて主役になったとたんにあがってしまい、うまく演技できなかったような悲痛さを感じさせた。もちろん、それは人間側の勝手な思い込みであり、レース中の事故は事故にすぎない。

ただ、ライスシャワーの個性的なキャリアと鮮烈《せんれつ》な最期は、多くの競馬関係者とファンの心に深く刻まれた。その死の翌年には、京都競馬場の職員たちに

ライスシャワー　トータル成績 25戦6勝(6-5-2-12)

日付	開催	レース	芝/ダ	距離	人気・着順	騎手
91/8/10	新潟	サラ系3才新馬	芝	1000	2人1着	水野
91/9/1	新潟	GⅢ新潟3歳S	芝	1200	3人11着	菅原
91/9/21	中山	芙蓉S(オープン)	芝	1600	2人1着	水野
92/3/29	中山	GⅡスプリングS	芝	1800	12人4着	柴田
92/4/19	中山	GⅠ皐月賞	芝	2000	11人8着	的場
92/5/10	東京	GⅡNHK杯	芝	2000	9人8着	的場
92/5/31	東京	GⅠ日本ダービー	芝	2400	16人2着	的場
92/9/27	中山	GⅡセントライト記念	芝	2200	3人2着	田中
92/10/18	京都	GⅡ京都新聞杯	芝	2200	2人2着	的場
92/11/8	京都	GⅠ菊花賞	芝	3000	2人1着	的場
92/12/27	中山	GⅠ有馬記念	芝	2500	2人8着	的場
93/2/21	東京	GⅡ目黒記念	芝	2500	2人2着	的場
93/3/21	中山	GⅡ日経賞	芝	2500	1人1着	的場
93/4/25	京都	GⅠ天皇賞(春)	芝	3200	2人1着	的場
93/9/19	中山	GⅢオールカマー	芝	2200	1人3着	的場
93/10/31	東京	GⅠ天皇賞(秋)	芝	2000	1人6着	的場
93/11/28	東京	GⅠジャパンC	芝	2400	7人14着	的場
93/12/26	中山	GⅠ有馬記念	芝	2500	5人8着	的場
94/2/13	阪神	GⅡ京都記念	芝	2200	2人5着	的場
94/3/20	中山	GⅡ日経賞	芝	2500	2人2着	的場
94/12/25	中山	GⅠ有馬記念	芝	2500	4人3着	的場
95/2/12	京都	GⅡ京都記念	芝	2200	1人6着	的場
95/3/19	中山	GⅡ日経賞	芝	2500	1人6着	的場
95/4/23	京都	GⅠ天皇賞(春)	芝	3200	4人1着	的場
95/6/4	京都	GⅠ宝塚記念	芝	2200	3人競走中止	的場

よって京都競馬場内にライスシャワーの遺髪《いはつ》が収められた記念碑が建立《こんりゅう》された。

また、2010年の菊花賞当日に行なわれた「京都クラウンプレミアム」のレース名は、歴代菊花賞優勝馬を対象としたファン投票の結果「ライスシャワーメモリアル」となった。亡くなってから15年経っても、ファンはライスシャワーのことを忘れていなかったのだ。ずっと嫌われ者の道を歩みながら、最後の最後で愛された――ライスシャワーはそんな競走馬である。

逃げろや逃げろ

ツインターボ

活躍年：91（平成3）～96（平成8）
性別・毛色：牡、鹿毛
血統：父・ライラリッジ、母・レーシングジイーン、母父・サンシー

勝つときも大逃げ、負けるときも大逃げ。小柄《こがら》な体で、なにがなんでも、とにかく逃げる。そのうえ、勝つときは影をも踏ませぬ逃げ切り圧勝、だが負けるときは最後には「歩いている」とまでいわれた急激な失速による惨敗《ざんぱい》――そんな個性的なレースぶりでファンに深く愛されたのが**ツインターボ**である。

なにしろ、中央競馬所属時に出走した全23レース中、逃げなかったのは現役晩年の1995年4月に地方重賞の帝王賞で出遅れてしまったときだけなのだ。ファンの多くは、いつもこの馬の大逃げを楽しみにしていた。

1991年3月の新馬戦を逃げ切り勝ちしたツインターボは、次走も逃げて連勝。その後、2連敗するが、6月のラジオたんぱ賞で大逃げを打って勝ち、重賞初制覇を遂げる。それから重賞での2連続2着を挟んで年末の有馬記念に出走すると、鼻血を出しながら前半1000メートルを59秒0というハイペー

スで逃げたあげく、14着に沈むというこの馬らしいレースを見せた。

ちなみに、この年の有馬記念は**メジロマックイーン**が断然の1番人気だったが、大穴14番人気の**ダイユウサク**の激走の前に2着に敗れている。ツインターボの逃げによる乱ペースが、この波乱を生んだ一因となったのかもしれない。

◆福島競馬場が多幸感に包まれた七夕賞

ただ、ツインターボにとっても有馬記念でのダメージは大きく、レース後、体調を崩して1年近い長期休養に入ってしまう。1992年11月に復帰したツインターボは、以前と変わらぬ大逃げを見せるものの、最後には失速するというレースをくり返し、復帰後4連敗を喫した。

それでもツインターボの人気は落ちることなく、1993年7月に福島競馬場で行なわれた七夕賞に出走すると、同競馬場の入場人員記録となる4万7391人という観衆が押し寄せた。そして、このレースでツインターボは前半1000メートル57秒4というハイペースで大逃げを打ち、そのまま直線でも失速することなく2着に4馬身差をつけてゴールするのである。約2年ぶりとなる勝利に、競馬場、テレビ・ラジオの前のファンたちは喝采《かっさい》を送った。

しかし、ツインターボの復活の夏はまだ終わっていなかった。9月のオールカマーに出走し、GI2勝の実績馬**ライスシャワー**を相手に、またまた逃げ切り勝ちを収めたのだ。この活躍を受けて、天皇賞（秋）で、ツインターボは3番人気に支持される。ただ、これはファンも調子に乗りすぎたようだ。ツインターボは逃げ潰れて、最下位に沈んだ。

以後、ツインターボは中央競馬では1勝も挙げられずに終わる。だが、それでも逃げ続けた。いつしか、逃げるツインターボが毎回のように最終コーナーで後ろから来た馬に捕まると、競馬場に大きな笑い声が生まれるようになっていた。しかし、それはけっして嘲笑《ちょうしょう》ではなく、ツインターボらしいレースが見られたという喜びの笑いであり、がんばれという応援の笑いだった。

人だろうと馬だろうと、弱いより強いほうがいい。負けるより勝ったほうがいい。誰がなんと言おうと無敗の王者が一番偉いに決まっているし、称賛されるべきだ。だが、もしそれが叶《かな》わないなら、自分の個性の形に忠実に生き切ることが一番幸福だろう。そんなことを教えてくれたのが、ツインターボだ。

ツインターボ　トータル成績 35戦6勝(6-2-0-27)

日付	開催	レース	芝/ダ	距離	人気・着順	騎手
91/3/2	中山	サラ系4才新馬	ダ	1800	3人1着	石塚
91/3/24	中山	もくれん賞500万下	芝	2000	7人1着	石塚
91/4/27	東京	青葉賞(オープン)	芝	2400	11人9着	大崎
91/5/26	東京	駒草賞900万下	芝	2000	5人5着	柴田
91/6/30	福島	GⅢラジオたんぱ賞	芝	1800	5人1着	大崎
91/9/22	中山	GⅡセントライト記念	芝	2200	3人2着	大崎
91/11/17	福島	GⅢ福島記念	芝	2000	2人2着	大崎
91/12/22	中山	GⅠ有馬記念	芝	2500	11人14着	大崎
92/11/8	福島	福島民友C(オープン)	芝	1800	1人10着	柴田
93/1/5	中山	GⅢ金杯	芝	2000	5人6着	柴田
93/3/14	中山	GⅡ中山記念	芝	1800	8人6着	柴田
93/5/16	新潟	GⅢ新潟大賞典	芝	2200	2人8着	大崎
93/7/11	福島	GⅢ七夕賞	芝	2000	3人1着	中舘
93/9/19	中山	GⅢオールカマー	芝	2200	3人1着	中舘
93/10/31	東京	GⅠ天皇賞(秋)	芝	2000	3人17着	中舘
94/1/23	中山	GⅡAJCC	芝	2200	3人6着	中舘
94/3/20	中山	GⅡ日経賞	芝	2500	3人6着	中舘
94/8/21	札幌	GⅢ函館記念	芝	2000	4人11着	田面木
94/11/20	福島	GⅢ福島記念	芝	2000	3人8着	宗像
94/12/25	中山	GⅠ有馬記念	芝	2500	10人13着	田中
95/1/22	中山	GⅡAJCC	芝	2200	4人10着	中舘
95/4/13	大井	帝王賞	ダ	2000	3人15着	武豊
95/5/14	福島	GⅢ新潟大賞典	芝	2000	5人11着	宗像
95/7/23	上山	文月特別A2	ダ	1700	1人1着	海方
95/8/20	上山	サラ系一般A2	ダ	1700	2人9着	海方
95/9/3	上山	サラ系一般A2	ダ	1700	2人7着	海方
95/9/19	上山	長月特別A1	ダ	1800	3人10着	鈴木
95/10/15	上山	神無月特別A2	ダ	1700	2人9着	鈴木
95/10/31	上山	サラ系一般A1	ダ	1800	6人9着	鈴木
95/11/26	上山	サラ系一般A2	ダ	1700	競走除外	山中
96/4/16	上山	サラ系一般A1	ダ	1800	3人9着	海方
96/4/29	上山	サラ系一般A1	ダ	1800	3人9着	海方
96/6/10	上山	水無月特別A2A1	ダ	1700	3人9着	徳留
96/7/9	上山	文月特別A1	ダ	1800	3人7着	徳留
96/7/22	上山	サラ系一般A2	ダ	1700	4人7着	徳留
96/8/13	盛岡	クラスターC(中央交流)	ダ	1200	4人11着	海方

柴田政人にダービーを獲らせるため生まれてきた

ウイニングチケット

活躍年：92（平成4）〜94（平成6）
性別・毛色：牡、黒鹿毛
血統：父・トニービン、母・パワフルレディ、母父・マルゼンスキー

柴田政人《しばたまさと》は、1970年代から1990年代にかけて活躍した日本競馬を代表する騎手のひとりだ。1967年に騎手デビュー。同期には、通算2943勝を挙げた岡部幸雄《おかべゆきお》、「天才」と称された福永洋一《ふくながよういち》、ダービー、天皇賞（秋）を勝った伊藤正徳《いとうまさのり》などそうそうたるメンバーが揃《そろ》っており、柴田も含めて「馬事《ばじ》公苑《こうえん》花の15期生」と呼ばれた。

柴田自身も、**ミホシンザン**による皐月賞、菊花賞制覇など次々とGIで勝利を挙げ、誰もが認めるトップジョッキーとなっていった。だが次第に、その活躍の分、ダービーに勝てないことが注目されるようになってしまう。

もちろん、ダービーに勝てないことが注目されること自体、逆説的に一流騎手の証明である。並《なみ》の騎手なら言われることはない。のちに武豊も同じようにダービー未勝利が注目されたが、武は騎手デビュー11年目で制覇している。し

かし、柴田はベテランジョッキーになってからもダービーに勝てなかった。

そのうちに、柴田が「ダービーを獲れたら、騎手を辞めてもいい」と言っているという噂が広まっていった。しかしこれは誤解で、1988年に**コクサイトリプル**でダービーに出走した際、「勝てたら、もう騎手を辞めてもいいというくらいの気持ちで臨む」と言った言葉が独り歩きしたものだ。

ただ、柴田がダービーを切望《せつぼう》していたのは事実だ。そのため、「いつか柴田政人にダービーを獲らせたい」というのは、ファンと関係者の共通の願いとなっていった。そんなときに、柴田の前に現れたのが**ウイニングチケット**である。

◆デビュー27年目、19回目のダービー騎乗での勝利

ウイニングチケットはデビュー前から資質を認められており、陣営は当初からこの馬で柴田にダービーを獲らせたいと考えていたという。1992年9月に柴田とのコンビで新馬戦に出走するが、このときは5着に敗れてしまった。

だが、そこから年をまたいだ4連勝で弥生賞を制覇。ウイニングチケットはクラシックの有力候補となった。しかし、その皐月賞で1番人気に支持された

ものの、4着になってしまう。その4着というのも3位入線の馬が降着になったための順位であり、実際には5位入線で完敗だった。

この敗戦がありながら、ダービー当日、ウイニングチケットは皐月賞馬**ナリタタイシン**や皐月賞2着の**ビワハヤヒデ**を差し置いて、ふたたび1番人気となった。ファンは、どうしても柴田にダービーを獲ってほしかったのだ。

レースがスタートすると、ウイニングチケットはピタリとインコースにつけた。最短距離を走るため道中はそのままインをキープしていたが、前方は他馬に塞《ふさ》がれ、進路はない。しかし、4コーナーを回るとき、荒れた内側の馬場を嫌った他馬が揃って外に進路を取ったことで目の前に空間がぽっかりと空《あ》いた。柴田はそこを迷わず突き、直線でビワハヤヒデとナリタタイシンの追撃を振り切って1着でゴールインする。

ついに柴田政人は、デビュー27年目、19回目のダービー騎乗で、栄《は》えあるダービージョッキーになったのである。レース後、柴田は「世界中のホースマンに、第60回日本ダービーを勝った柴田政人ですと伝えたい」と胸を張った。

ダービー以降、ウイニングチケットは1勝を挙げたのみで、まったく勝てな

ウイニングチケット　トータル成績 14戦6勝(6-1-2-5)

日付	開催	レース	芝/ダ	距離	人気・着順	騎手
92/9/6	函館	サラ系3才新馬	芝	1200	7人5着	柴田
92/9/13	函館	サラ系3才新馬	芝	1700	1人1着	横山
92/12/6	中山	葉牡丹賞500万下	芝	2000	2人1着	田中
92/12/27	中山	ホープフルS(オープン)	芝	2000	1人1着	柴田
93/3/7	中山	GⅡ弥生賞	芝	2000	1人1着	柴田
93/4/18	中山	GⅠ皐月賞	芝	2000	1人4着	柴田
93/5/30	東京	GⅠ日本ダービー	芝	2400	1人1着	柴田
93/10/17	京都	GⅡ京都新聞杯	芝	2200	1人1着	柴田
93/11/7	京都	GⅠ菊花賞	芝	3000	2人3着	柴田
93/11/28	東京	GⅠジャパンC	芝	2400	4人3着	柴田
93/12/26	中山	GⅠ有馬記念	芝	2500	3人11着	柴田
94/7/10	中京	GⅡ高松宮杯	芝	2000	1人5着	柴田
94/9/18	中山	GⅢオールカマー	芝	2200	2人2着	武豊
94/10/30	東京	GⅠ天皇賞(秋)	芝	2000	2人8着	武豊

くなり引退した。そういう意味では、人間の勝手な思い入れだけでいえば、柴田にダービーを獲らせるために生まれてきた馬といっても過言ではないだろう。

また、柴田もダービー制覇の翌年の落馬事故により、１９９５年に引退する。「ダービーを獲れたら、騎手を辞めてもいい」という本当は言ってはいない言葉が、図らずも現実になってしまったのである。

それでも、あの日、柴田政人がダービーを勝ったという記憶は、多くのファンの心のなかに温かい思い出として残っている。

1434日ぶりに勝利した
エルウェーウィン

活躍年：92（平成4）〜98（平成10）
性別・毛色：牡、黒鹿毛
血統：父・Caerleon、母・Rustic Lace、母父・Rusticaro

エルウェーウィンは1992年10月の新馬戦に勝つと、次走でも連勝を決め、GⅠの朝日杯3歳ステークスへと進んだ。この年の同レースでは、2戦連続レコード勝ちをしていた**ビワハヤヒデ**が圧倒的な1番人気で、エルウェーウィンは3番人気。大方《おおかた》の関心は、ビワハヤヒデの勝ち方に集まっていた。だが、レースでは直線でエルウェーウィンとビワハヤヒデの2頭が並ぶ形で競り合い、最後にはハナ差でエルウェーウィンが勝利を収める。このときのエルウェーウィンの勝負根性には、目を見張るものがあった。

このレースぶりから、エルウェーウィンの将来にファンは大きな期待を寄せた。しかし、レース後、体調不良から長期休養に入ってしまう。ただ翌1993年のクラシック戦線でビワハヤヒデが活躍したことで、逆に休んでいるエルウェーウィンへの幻想は膨《ふく》らんでいった。「あれほど強いビワハヤヒデに勝ったのだから、どれだけ強いんだろう」ということだ。

同年11月、エルウェーウィンは長い休養から待望の復帰を果たす。復帰初戦のトパーズステークスでは当然のように1番人気となったが、結果は2着。この敗戦は「長期休養明けだから仕方がない」とファンの多くは考えた。陣営もそう考えたのだろう。勇躍《ゆうやく》、年末の有馬記念に参戦してきた。この年の有馬記念にはビワハヤヒデも参戦しており、1年ぶりの対決である。

ところが、**トウカイテイオー**が奇跡の復活を果たし、ビワハヤヒデが2着に食い込んだこの有馬記念で、エルウェーウィンはひっそりと13着に沈んでしまう。この結果を見てもまだ、「休養明け2戦目でGⅠは、少し敷居《しきい》が高かっただけ」と考えたファンも少なからずいた。だが、このあとエルウェーウィンは、とんでもない連敗街道に突入していく。

◆27連敗という長い長いトンネル

年明け1994年は4戦全敗、続く1995年は7戦全敗と、エルウェーウィンはまったく勝てなかった。それでも、まだこの時期のエルウェーウィンには幻想が残っており、レースでは1〜3番人気と上位に支持されることも少なくなかった。しかし、1996年に入っても連敗が続き、しかも2ケタ着順に負けることも珍しくなくなると、さすがに大半のファンも夢から覚めたのか、人気も2ケタ台になることが増えた。

かつてはライバルと目《もく》されていたビワハヤヒデも、とっくに引退していた。もう終わった馬、誰もがそう考えるようになっていた。……だが、同年11月のGⅡアルゼンチン共和国杯で、エルウェーウィンは14番人気ながら勝利を収めるのである。それは、ようやく幻想が現実と重なった一瞬だった。

朝日杯3歳ステークスから1434日、3年11か月ぶりの勝利は、当時の中央競馬の最長重賞勝利間隔記録だ。この勝利までエルウェーウィンは一度も勝てず、27連敗という長いトンネルを潜《くぐ》っている。あきらめなかった陣営が偉いというほかない。また、負けても負けても幻想を捨てられなかったファンも少数ながらいたはずだ。その後、エルウェーウィンは、ビワハヤヒデを筆頭に「BNW」と称された同世代のスターホースたちが誰ひとり残っていないターフを8歳まで走り続け、その間、さらに1勝を加えて1998年に引退した。

エルウェーウィン　トータル成績 40戦5勝(5-2-7-26)

日付	開催	レース	芝/ダ	距離	人気・着順	騎手
92/10/18	京都	サラ系3才新馬	芝	1600	2人1着	岸
92/11/22	京都	京都3歳S(オープン)	芝	1800	2人1着	岸
92/12/13	中山	GⅠ朝日杯3歳S	芝	1600	3人1着	南井
93/11/28	京都	トパーズS(オープン)	芝	2000	1人2着	南井
93/12/26	中山	GⅠ有馬記念	芝	2500	8人13着	南井
94/1/30	小倉	関門橋S(オープン)	芝	2000	1人8着	岸
94/3/6	中京	GⅡマイラーズC	芝	1700	4人3着	岸
94/12/11	阪神	ポートアイランドS(オープン)	芝	1600	2人7着	上村
94/12/25	阪神	六甲S(オープン)	芝	2000	1人3着	岸
95/1/8	京都	洛陽S(オープン)	芝	1600	3人9着	岸
95/1/29	小倉	関門橋S(オープン)	芝	2000	3人3着	岸
95/3/5	京都	GⅡマイラーズC	芝	1600	4人3着	岸
95/4/23	福島	谷川岳S(オープン)	芝	1800	2人3着	岸
95/11/12	東京	富士S(オープン)	芝	1800	5人7着	的場
95/11/26	京都	トパーズS(オープン)	芝	2000	4人3着	四位
95/12/10	阪神	ポートアイランドS(オープン)	芝	1600	2人10着	岸
96/1/7	京都	洛陽S(オープン)	芝	1600	5人4着	岸
96/1/28	小倉	関門橋S(オープン)	芝	2000	3人2着	岸
96/3/3	阪神	GⅡマイラーズC	芝	1600	11人8着	岸
96/3/17	中京	GⅢ中京記念	芝	2000	9人9着	岸
96/4/20	京都	栗東S(オープン)	芝	1800	6人12着	岸
96/5/4	京都	オーストラリアT(オープン)	芝	1600	11人9着	岸
96/5/25	中京	TV愛知オープン	芝	1800	11人3着	岸
96/6/9	中京	GⅡ金鯱賞	芝	2000	10人4着	石橋
96/7/21	小倉	GⅢ北九州記念	芝	1800	7人10着	岸
96/8/11	小倉	GⅢ小倉記念	芝	2000	7人7着	岸
96/9/8	阪神	GⅢ朝日CC	芝	2000	9人6着	岸
96/10/6	新潟	秋野S(オープン)	芝	2000	3人7着	岸
96/10/19	京都	カシオペアS(オープン)	芝	2000	6人5着	岸
96/11/2	京都	大原S(オープン)	芝	2000	6人6着	岸
96/11/16	東京	GⅡアルゼンチン共和国杯	芝	2500	14人1着	南井
96/12/22	中山	GⅠ有馬記念	芝	2500	13人13着	南井
97/3/1	中山	ブラッドストーンS(オープン)	芝	2200	3人1着	的場
98/1/11	京都	洛陽S(オープン)	芝	1600	7人14着	武豊
98/1/25	京都	GⅡ日経新春杯	芝	2400	7人10着	O.ペリエ
98/2/21	東京	GⅢダイヤモンドS	芝	3200	14人12着	的場
98/5/2	東京	メトロポリタンS(オープン)	芝	2300	6人8着	石橋
98/5/23	中京	エメラルドS(オープン)	芝	2500	6人7着	福永
98/6/6	中京	TV愛知オープン	芝	1800	13人12着	石橋
98/6/21	阪神	GⅡ鳴尾記念	芝	2000	9人10着	石橋

砂漠に散った織姫星

ホクトベガ

活躍年：93（平成5）〜97（平成9）
性別・毛色：牝、鹿毛
血統：父・ナグルスキー、母・タケノファルコン、母父・フィリップオブスペイン

ベガとは、こと座α《アルファ》星のことで、日本では織姫星《おりひめぼし》の名でも知られている。そんな星の名前をもつ**ホクトベガ**が全国区の知名度を獲得したのは、やはり1993年のエリザベス女王杯だろう。

このレースには、織姫星の名前をもつ馬がもう1頭出走していた。その名も**ベガ**である。レースでは、そのベガの牝馬三冠達成にファンの関心は集中。そこまで半年間以上勝ち星のなかったホクトベガは、9番人気に留《とど》まっていた。

だが、ホクトベガは道中インコースにつけて最短距離を走ると、直線に入って先行集団を差し切り、1着でゴール。このとき、実況をしていた馬場鉄志アナウンサーが「ベガはベガでもホクトベガ！」と叫んだことで、この馬の名前は多くのファンの心に強く刻まれることになる。

こうしてGI馬となったホクトベガだったが、その後ふたたび成績が低迷。

そこで陣営は1995年6月、川崎競馬場で行なわれる牝馬限定の地方重賞エンプレス杯への出走を決めた。デビュー戦のダートで強い勝ち方をしていたものの、ダートに出るのは久々。陣営に絶対に勝てるという自信があったわけではない。少しでも新境地を開拓してくれればという願いを込めた出走だった。

ところが、ドロドロの不良馬場となったこのレースで、ホクトベガは2着に18馬身差をつけるという圧勝劇を見せるのである。このあと、ホクトベガはいったん芝路線に戻るが、結果は出なかった。そのため、陣営はダート路線への本格的転身を決意する。

その皮切りとして、1996年1月に川崎競馬場で行なわれた川崎記念に出走すると、ここでもホクトベガは2着に5馬身差をつけるという圧勝を遂げた。そして以後、地方競馬を中心にダート重賞で9連勝を達成するのだ。しかも、その大半は2着馬を寄せつけない完勝だった。

1997年2月に、2着に3馬身差をつけて川崎記念を連覇すると、もはや国内のダート路線に敵はいなかった。7歳となっていたホクトベガは、次走として、当時世界最高賞金額だった海外ダート競走のドバイワールドカップへの挑戦を決定。あわせて、これが引退レースになることも決められた。

◆帰国できたのはタテガミと蹄鉄だけ

ドバイに渡ったホクトベガは、慣れない異国の地で体調不良となったが、幸いにも同地では数十年に一度という豪雨となり、レースは5日間延期される。この間に体調を回復させたホクトベガは、無事、本番へと向かった。レースがスタートすると、ホクトベガは後方3番手あたりを追走。最後の第4コーナーを絶好の手応《てごた》えで回り、直線での勝負にかけようとした。だが、その瞬間、先行していた他馬が失速。それを避けきれなかったホクトベガは転倒してしまう。さらに、そこに後続馬が乗り上げてきた。その結果、ホクトベガは左前腕節部を複雑骨折し、競走中止となってしまった。

すぐに安楽死処分となったホクトベガは、検疫《けんえき》の関係で遺体を持ち帰れないため、現地で火葬された。日本に帰ってこられたのは、ホクトベガのタテガミと蹄鉄だけである。砂漠で星となったホクトベガ——この馬のことを思い返すと、なぜかいつも頭のなかで昭和初期の流行歌『アラビヤの唄』が流れる。

ホクトベガ　トータル成績 42戦16勝(16-5-4-17)

日付	開催	レース	芝/ダ	距離	人気・着順	騎手
93/1/5	中山	サラ系4才新馬	ダ	1200	2人1着	加藤
93/1/16	中山	朱竹賞500万下	ダ	1800	1人2着	加藤
93/2/20	東京	カトレア賞500万下	ダ	1600	1人1着	加藤
93/3/20	中山	GⅢフラワーC	芝	1800	2人1着	加藤
93/4/11	阪神	GⅠ桜花賞	芝	1600	6人5着	加藤
93/5/23	東京	GⅠオークス	芝	2400	5人6着	加藤
93/10/3	中山	GⅢクイーンS	芝	2000	2人2着	加藤
93/10/24	京都	GⅡローズS	芝	2000	3人3着	加藤
93/11/14	京都	GⅠエリザベス女王杯	芝	2400	9人1着	加藤
93/12/18	中山	ターコイズS(オープン)	芝	1800	2人3着	加藤
94/1/15	阪神	GⅢ平安S	ダ	1800	2人10着	加藤
94/2/27	中山	GⅢ中山牝馬S	芝	1800	2人4着	加藤
94/4/23	東京	GⅡ京王杯スプリングC	芝	1400	5人5着	加藤
94/6/12	札幌	札幌日経オープン	芝	1800	1人1着	加藤
94/7/3	札幌	GⅢ札幌記念	芝	2000	1人1着	加藤
94/8/21	札幌	GⅢ函館記念	芝	2000	1人3着	加藤
94/10/9	東京	GⅡ毎日王冠	芝	1800	11人9着	加藤
94/11/13	東京	富士S(オープン)	芝	1800	2人6着	加藤
94/12/18	阪神	GⅡサンスポ阪神牝馬特別	芝	2000	6人5着	加藤
95/1/22	中山	GⅡAJCC	芝	2200	6人2着	加藤
95/2/26	中山	GⅢ中山牝馬S	芝	1800	1人2着	加藤
95/3/12	中山	GⅡ中山記念	芝	1800	2人8着	加藤
95/4/22	東京	GⅡ京王杯スプリングC	芝	1400	11人3着	横山
95/5/14	東京	GⅠ安田記念	芝	1600	3人5着	横山
95/6/13	川崎	エンプレス杯	ダ	2000	1人1着	横山
95/8/20	函館	GⅢ函館記念	芝	2000	5人11着	的場
95/10/8	東京	GⅡ毎日王冠	芝	1800	8人7着	大塚栄
95/10/29	東京	GⅠ天皇賞(秋)	芝	2000	15人16着	横山
95/11/19	新潟	GⅢ福島記念	芝	2000	8人2着	中舘
95/12/17	阪神	GⅡサンスポ阪神牝馬特別	芝	2000	5人5着	中舘
96/1/24	川崎	川崎記念(中央交流)	ダ	2000	2人1着	横山
96/2/17	東京	GⅡフェブラリーS	ダ	1600	3人1着	横山
96/3/20	船橋	ダイオライト記念(中央交流)	ダ	2400	1人1着	横山
96/5/5	高崎	群馬記念(中央交流)	ダ	1500	1人1着	横山
96/6/19	大井	帝王賞(中央交流)	ダ	2000	1人1着	横山
96/7/15	川崎	エンプレス杯(中央交流)	ダ	2000	1人1着	横山
96/10/10	盛岡	南部杯(中央交流)	ダ	1600	1人1着	的場
96/11/10	京都	GⅠエリザベス女王杯	芝	2200	4人4着	的場
96/12/4	浦和	浦和記念(中央交流)	ダ	2000	1人1着	横山
96/12/22	中山	GⅠ有馬記念	芝	2500	9人9着	藤田
97/2/5	川崎	川崎記念(中央交流)	ダ	2000	1人1着	横山
97/4/3	UAE・ナド・アルシバ	ドバイワールドC	ダ	2000	競走中止	横山

噛みつき「馬《ま》」

シンコウウインディ

活躍年：96（平成8）～99（平成11）
性別・毛色：牡、栗毛
血統：父・デュラブ、母・ローズコマンダー、母父・ダストコマンダー

競走馬のなかには、人間やほかの馬を噛む癖をもったものがたまにいる。これは競馬用語で「咬癖《こうへき》」と呼ばれるもので、原因は攻撃性の強さやストレス、あるいは甘えなど、さまざまあると考えられている。そんな「噛み癖」でいちやく有名になったのが、**シンコウウインディ**だ。

幼いころからシンコウウインディは、よく人に噛みつくいたずら好きの性格だったという。1996年1月のダート1200メートル戦でデビューし、これに快勝したものの、その後、芝のレースで3連敗を喫した。そこで陣営は新馬戦で勝ちを収めたダート路線に戻ることを決める。この路線変更はすぐに功を奏し、ダート復帰初戦を勝利で飾った。

だが、シンコウウインディは同年8月に出走した館山《たてやま》特別で、のちにこの馬の代名詞となる「噛み癖」を全国のファンに知らしめる。レース後半、シンコ

ウウインディは直線で抜け出し、ほぼ勝利を手中《しゅちゅう》に収めかけた。

ところが、内側で並走《へいそう》していた馬に噛みつきに行ってしまい、失速。結果的にクビ差の2着に敗れてしまうのだ。この、他馬を噛みつきに行って敗れるという珍しい出来事により、シンコウウインディの名は瞬《また》く間にファンのあいだに広まった。

もっとも、シンコウウインディの噛み癖は強い闘争心の表れでもあり、競走馬としての強さにも繋《つな》がっていた。次に出走した3歳ダート重賞であるユニコーンステークスでは、1位入線馬の降着もあって重賞初制覇を果たしている。

しかし、人間と同じように馬の癖も、なかなか直らないものだ。同年11月の地方重賞のスーパーダートダービーで、またしても逃げ馬に噛みつきに行ってしまい、そのせいで失速して2着に敗れてしまうのである。このような奇妙な個性を発揮しながら、シンコウウインディの3歳シーズンは終わった。

◆わき目も振らず前だけを見る優等生に変身

1997年、4歳となったシンコウウインディは、年明けの初戦として1月の平安ステークスに出走。このレースから、陣営はなんとか「噛み癖」を抑えようと、馬の両目の外側部分に装着し、視野を制限することでレースに集中させるブリンカーという馬具《ばぐ》をシンコウウインディにつけた。

そのブリンカーがさっそく効果を発揮したのか、それとも気性が大人になったためなのかはわからないが、シンコウウインディは直線で外から強烈な追い込みを見せると、内側で粘っていた馬と並走する形でゴールする。結果としては1着同着だったものの、前だったら間違いなく隣の馬を噛みに行こうとして2着に敗れていただろう。

平安ステークスで重賞2勝目を挙げたシンコウウインディは、次走に、この年から中央競馬では初のダートGIとなったフェブラリーステークスを選択。自身よりダート実績のある馬や芝GI勝ち馬などが出走していたため、レース当日、シンコウウインディは6番人気に留まった。

だが、泥んこの不良馬場のなか、シンコウウインディは中団外めを進むと、最後のコーナーでインコースに入り、粘る1番人気の馬と直線で長い競り合いをくり広げた。そして、わき目も振らず、前だけを向いて走った結果、クビ差を

シンコウウインディ　トータル成績 17戦5勝(5-3-1-8)

日付	開催	レース	芝/ダ	距離	人気・着順	騎手
96/1/5	東京	サラ系4才新馬	ダ	1200	3人1着	岡部
96/3/3	中京	ふきのとう特別500万下	芝	1800	7人4着	小林
96/4/27	新潟	こけもも賞500万下	芝	2200	3人2着	橋本
96/6/9	東京	ほうせんか賞500万下	芝	2000	4人4着	橋本
96/6/29	中山	あさがお賞500万下	ダ	1800	2人1着	岡部
96/8/31	中山	館山特別900万下	ダ	1800	1人2着	田中
96/9/28	中山	GⅢユニコーンS	ダ	1800	3人1着	岡部
96/11/1	大井	スーパーダートダービー(中央交流)	ダ	2000	3人2着	岡部
96/11/23	盛岡	ダービーGP(中央交流)	ダ	2000	1人3着	田中
97/1/6	京都	GⅢ平安S	ダ	1800	3人1着	四位
97/2/16	東京	GⅠフェブラリーS	ダ	1600	6人1着	岡部
97/5/3	京都	GⅢアンタレスS	ダ	1800	1人5着	岡部
97/6/24	大井	GⅠ帝王賞(中央交流)	ダ	2000	2人7着	岡部
99/6/13	東京	GⅠ安田記念	芝	1600	14人13着	後藤
99/7/4	阪神	灘S(オープン)	ダ	1800	4人5着	武幸
99/8/14	新潟	関越S(オープン)	ダ	1700	3人6着	菊沢
99/9/15	船橋	GⅢ日本TV盃(中央交流)	ダ	1800	4人4着	岡部

つけて1着でゴールする。こうして、シンコウウインディはＧＩに昇格したフェブラリーステークスの栄えある最初の勝者となった。

「噛み癖」という個性を捨て、優等生となったシンコウウインディのレースぶりには正直、一抹《いちまつ》の寂《さび》しさを感じなくもなかった。とはいえ、そんな癖があるままではＧＩ勝利は果たせなかっただろう。悪癖《あくへき》が矯正されたことは、シンコウウインディにとっても関係者にとっても良かったのだ。引退後のシンコウウインディは落ち着いた気性の馬になり、時折は噛む様子を見せたが、それは甘噛《あまが》み程度になっていたという。

引退レースで初めて本気を出した
ステイゴールド

活躍年：96（平成8）～01（平成13）
性別・毛色：牡、黒鹿毛
血統：父・サンデーサイレンス、母・ゴールデンサッシュ、母父・ディクタス

ステイゴールドはデビュー前から荒い気性の持ち主で、立ち上がって吠《ほ》え、人間を威嚇《いかく》するのも日常茶飯事だったという。そのような気性難もあって、1996年12月にデビューするも2連敗。さらに、3戦目にはレース中に騎手を振り落として競走中止となってしまう。結局、初勝利を挙げるのはデビューから5か月後の6戦目のこととなった。

加えて、ステイゴールドにはまっすぐ走りたがらないという悪癖もあり、初勝利後もなかなか安定した成績を残せなかった。ただ、素質は抜群で、2着にはよく来た。

1998年5月の天皇賞（春）でも、ここまで重賞をひとつも勝っていないにもかかわらず2着。これがGⅠでの初2着だったが、続けて7月の宝塚記念でも2着となり、11月の天皇賞（秋）でも2着になる。GⅠ3連続2着は、間

違いなく実力があることの証明だ。でも、欠点も多くて勝てない。

この歯がゆい個性は次第にファンを惹《ひ》きつけるようになり、ステイゴールドは人気者となっていった。それでも、勝ち星を挙げられないことには変わりはない。１９９９年に入ってもステイゴールドは、重賞未勝利のままＧⅠでたびたび上位に来るという不思議な成績を残し続けた。

そんなステイゴールドが、ついに重賞制覇を果たしたのは、すでにベテランともいえる６歳となっていた２０００年５月のことだ。ＧⅡ目黒記念でステイゴールドが１着でゴールすると、東京競馬場はまるでＧⅠの勝者を称《たた》えるかのような拍手と歓声に包まれた。誰もがステイゴールドの勝利を待ちわびていたのだ。ちなみに、この目黒記念での勝利はステイゴールドにとって重賞初制覇というだけでなく、３歳の９月以来、約２年８か月ぶりとなる勝利だった。

◆通算50戦目となる引退レースでGI初制覇

ようやく念願の重賞制覇を果たしたことで開眼《かいがん》したのか、ステイゴールドは翌２００１年１月に日経新春杯に勝って重賞２勝目とすると、その勢いのままドバイへの海外遠征に向かい、GⅡ（当時）ドバイシーマクラシックにも勝利を収めてしまう。とくに、ドバイシーマクラシックでの勝利は、アメリカ、香港など世界各国でGⅠ勝ちを収めていた強豪外国馬の**ファンタスティックライト**を破ってのものであり、世界的にも注目を集めた。

こうなれば当然、あとはGⅠ制覇に期待がかかる。だが、帰国後のステイゴールドは相変わらずGⅠで上位には来るものの勝ち切れなかった。なにしろ、7歳の秋になっても、武豊《たけゆたか》騎手が陣営に「まっすぐ走るように矯正してほしい」と懇願《こんがん》するような状態だったのだ。これでは勝てるわけがない。

しかし、年内引退を決めていたステイゴールドは、ラストランに選んだ香港のGⅠ香港ヴァーズで、これまで一度も見せたことのないような凄い末脚《すえあし》をくり出し、ゴール直前で先頭を走る馬を差し切って1着となるのである。それは、「最後だから少し本気を出してみせた」といった印象を残す走りだった。

香港でのステイゴールドの馬名漢字表記は「黄金旅程」。その洒落《しゃれ》た名前にふさわしく、通算50戦目となる引退レースでのGⅠ初制覇という劇的な幕切れで、ステイゴールドは6年間にわたる黄金の旅路を締めくくった。

ステイゴールド　トータル成績 50戦7勝(7-12-8-23)

日付	開催	レース	芝/ダ	距離	人気・着順	騎手
96/12/1	阪神	サラ系3才新馬	芝	2000	3人3着	O.ペリエ
96/12/21	阪神	サラ系3才新馬	芝	2000	1人16着	O.ペリエ
97/2/15	京都	サラ系4才未勝利	ダ	1800	1人競走中止	熊沢
97/3/22	阪神	サラ系4才未勝利	芝	2000	2人2着	熊沢
97/4/19	京都	サラ系4才未勝利	芝	2400	1人2着	熊沢
97/5/11	東京	サラ系4才未勝利	芝	2400	2人1着	熊沢
97/6/7	中京	すいれん賞500万下	芝	2500	1人1着	熊沢
97/6/29	阪神	やまゆりS900万下	芝	2000	5人4着	熊沢
97/9/6	札幌	阿寒湖特別900万下	芝	2000	3人1着	熊沢
97/10/12	京都	GⅡ京都新聞杯	芝	2200	7人4着	熊沢
97/11/2	京都	GⅠ菊花賞	芝	3000	10人8着	熊沢
97/11/30	阪神	ゴールデンホイップT1600万下	芝	2000	1人2着	武豊
98/1/17	京都	万葉S(オープン)	芝	3000	2人2着	熊沢
98/2/8	京都	松籟S1600万下	芝	2400	3人2着	熊沢
98/2/21	東京	GⅢダイヤモンドS	芝	3200	3人2着	熊沢
98/3/29	中山	GⅡ日経賞	芝	2500	5人4着	熊沢
98/5/3	京都	GⅠ天皇賞(春)	芝	3200	10人2着	熊沢
98/6/13	東京	GⅡ目黒記念	芝	2500	3人3着	熊沢
98/7/12	阪神	GⅠ宝塚記念	芝	2200	9人2着	熊沢
98/10/11	京都	GⅡ京都大賞典	芝	2400	2人4着	熊沢
98/11/1	東京	GⅠ天皇賞(秋)	芝	2000	4人2着	蛯名
98/11/29	東京	GⅠジャパンC	芝	2400	6人10着	熊沢
98/12/27	中山	GⅠ有馬記念	芝	2500	11人3着	熊沢
99/2/14	京都	GⅡ京都記念	芝	2200	2人7着	熊沢
99/3/28	中山	GⅡ日経賞	芝	2500	2人3着	熊沢
99/5/2	京都	GⅠ天皇賞(春)	芝	3200	6人5着	熊沢
99/5/29	中京	GⅡ金鯱賞	芝	2000	3人3着	熊沢
99/6/20	阪神	GⅡ鳴尾記念	芝	2000	3人3着	熊沢
99/7/11	阪神	GⅠ宝塚記念	芝	2200	7人3着	熊沢
99/10/10	京都	GⅡ京都大賞典	芝	2400	7人6着	熊沢
99/10/31	東京	GⅠ天皇賞(秋)	芝	2000	12人2着	熊沢
99/11/28	東京	GⅠジャパンC	芝	2400	5人6着	熊沢
99/12/26	中山	GⅠ有馬記念	芝	2500	8人10着	熊沢
00/1/23	中山	GⅡAJCC	芝	2200	1人2着	熊沢
00/2/20	京都	GⅡ京都記念	芝	2200	3人3着	熊沢
00/3/26	中山	GⅡ日経賞	芝	2500	2人2着	熊沢
00/4/30	京都	GⅠ天皇賞(春)	芝	3200	4人4着	熊沢
00/5/20	東京	GⅡ目黒記念	芝	2500	1人1着	武豊
00/6/25	阪神	GⅠ宝塚記念	芝	2200	5人4着	安藤
00/9/24	中山	GⅡオールカマー	芝	2200	3人5着	後藤
00/10/29	東京	GⅠ天皇賞(秋)	芝	2000	4人7着	武豊
00/11/26	東京	GⅠジャパンC	芝	2400	13人8着	後藤
00/12/24	中山	GⅠ有馬記念	芝	2500	10人7着	後藤
01/1/14	京都	GⅡ日経新春杯	芝	2400	5人1着	藤田
01/3/24	UAE・ナド・アルシバ	GⅡドバイシーマクラシック	芝	2400	発売なし1着	武豊
01/6/24	阪神	GⅠ宝塚記念	芝	2200	5人4着	後藤
01/10/7	京都	GⅡ京都大賞典	芝	2400	3人失格	後藤
01/10/28	東京	GⅠ天皇賞(秋)	芝	2000	3人7着	武豊
01/11/25	東京	GⅠジャパンC	芝	2400	4人4着	武豊
01/12/16	香港・沙田	GⅠ香港ヴァーズ	芝	2400	1人1着	武豊

6戦目で宿命のライバルに勝利した

メイショウドトウ

活躍年：99（平成11）〜01（平成13）
性別・毛色：牡、鹿毛
血統：父・Bigstone、母・プリンセスリーマ、母父・Affirmed

メイショウドトウは、1999年1月に3歳でデビュー。新馬戦は2着だったが、2戦目で初勝利を挙げた。その後、この年は条件戦で3勝を挙げたのみで終わり、重賞レースには出走していない。

翌2000年1月、古馬になったメイショウドトウは日経新春杯で重賞初挑戦すると、8番人気ながら2着に食い込む。そして、次走の中京記念で重賞初制覇を果たした。さらに、5月には金鯱《きんこ》賞にも勝ち、重賞2勝目とする。メイショウドトウは、いよいよ充実期を迎えようとしていた。

そこで、6月には満を持《じ》してGI初挑戦となる宝塚記念への出走を決める。しかし、ここでメイショウドトウに不運だったのは、こちらも絶頂期を迎えようとしていた**テイエムオペラオー**も宝塚記念に参戦してきたことだ。

レースの結果は、テイエムオペラオーにクビ差及ばず、メイショウドトウは

2着に終わる。勝負の綾《あや》ともいえる微差での負けであり、完全な力負けとは思えなかった。ところが、ここから天皇賞（秋）、ジャパンカップ、有馬記念と、同じようにメイショウドトウはテイエムオペラオーの2着に負け続けるのである。その差は2馬身半、クビ、ハナと、相変わらずわずかな差しかなかった。だが、どうしてもメイショウドトウはテイエムオペラオーに先着できない。

もちろん、これは一歩でも他馬より前に出ようとし、並んだら絶対に抜かせないテイエムオペラオーの卓越《たくえつ》した勝負根性ゆえの結果だ。こうして、テイエムオペラオーが古馬中長距離GⅠ完全制覇の偉業《いぎょう》を達成するかたわら、メイショウドトウはその大半で2着という太刀持ちを務める屈辱を味わうこととなる。

◆もし、2頭の組み合わせを買い続けていたら……

だが、屈辱はまだ終わらなかった。翌2001年の天皇賞（春）でも、テイエムオペラオー1着、メイショウドトウ2着という結果がくり返されたのである。ここまで来ると、生まれた時代が悪かったというしかない。

それでもレースは続く。同年6月の宝塚記念で2頭は6回目の対決を迎えた。宝塚記念は1年前、メイショウドトウが初めてテイエムオペラオーと対戦したレースである。そこから1年間、一度も勝てていないのだ。正面から戦っても、同じ結末になるのは目に見えている。そこで陣営は、思い切って早めに先頭に立ち、そのまま押し切るという奇襲戦法に出ることにした。

すると、4コーナーでテイエムオペラオーが不利を受けるという幸運もあり、ついにメイショウドトウは6回目の対戦でテイエムオペラオーに勝利する。ただ、このときの2着は猛追してきたテイエムオペラオーだった。GIレースで6回、まったく同じ馬の組み合わせのワンツーフィニッシュで決着するというのは前代未聞のことである。

2000年の宝塚記念から翌年の宝塚記念まで、この2頭の組み合わせを買い続けていたら、100円が約180万円になる計算だ。意外と倍率がいいのは、ファンの多くもまさかこれほど同じ組み合わせの決着が続くとは思わなかったためだろう。ちなみに、もしテイエムオペラオーがいなかったら、メイショウドトウがGI6勝していたかもというのは誰もが一度は想像することかもしれない。ただ、勝負事というのは、そういうものでもなかったりする。

メイショウドトウ　トータル成績 27戦10勝(10-8-2-7)

日付	開催	レース	芝/ダ	距離	人気・着順	騎手
99/1/6	京都	サラ系4才新馬	ダ	1800	1人2着	安田
99/1/16	京都	サラ系4才新馬	ダ	1800	1人1着	安田
99/3/20	阪神	サラ系4才500万下	ダ	1800	1人4着	安田
99/4/18	中京	かいどう賞500万下	ダ	1700	1人1着	安田
99/5/23	中京	ホンコンJT(オープン)	ダ	1700	6人8着	安田
99/9/5	札幌	ポプラS900万下	芝	1500	8人8着	安田
99/9/18	札幌	大倉山特別900万下	芝	1800	3人4着	安田
99/9/25	札幌	道新スポ賞900万下	芝	2000	8人2着	安田
99/10/16	京都	嵯峨野特別900万下	芝	2000	4人1着	安田
99/11/14	京都	ドンカスターS1600万下	芝	1800	4人1着	安田
99/12/26	阪神	六甲S(オープン)	芝	2000	1人11着	安田
00/1/16	京都	GⅡ日経新春杯	芝	2400	8人2着	武幸
00/3/5	中京	GⅢ中京記念	芝	2000	3人1着	安田
00/3/26	中山	GⅡ日経賞	芝	2500	4人3着	安田
00/4/29	東京	メトロポリタンS(オープン)	芝	2300	1人1着	安田
00/5/27	中京	GⅡ金鯱賞	芝	2000	3人1着	安田
00/6/25	阪神	GⅠ宝塚記念	芝	2200	6人2着	河内
00/9/24	中山	GⅡオールカマー	芝	2200	1人1着	的場
00/10/29	東京	GⅠ天皇賞(秋)	芝	2000	2人2着	的場
00/11/26	東京	GⅠジャパンC	芝	2400	5人2着	安田
00/12/24	中山	GⅠ有馬記念	芝	2500	2人2着	安田
01/3/24	中山	GⅡ日経賞	芝	2500	1人1着	安田
01/4/29	京都	GⅠ天皇賞(春)	芝	3200	3人2着	安田
01/6/24	阪神	GⅠ宝塚記念	芝	2200	2人1着	安田
01/10/28	東京	GⅠ天皇賞(秋)	芝	2000	2人3着	安田
01/11/25	東京	GⅠジャパンC	芝	2400	3人5着	安田
01/12/23	中山	GⅠ有馬記念	芝	2500	2人4着	安田

ゴールドシップ

「不沈艦」から「制御不能」への変貌

活躍年：11（平成23）～15（平成27）
性別・毛色：牡、芦毛
血統：父・ステイゴールド、母・ポイントフラッグ、母父・メジロマックイーン

2歳のころの**ゴールドシップ**はおとなしい性格で、扱いやすい馬だったという。2001年7月の新馬戦を勝つと、次走のオープン戦でも勝利。そのあと重賞で連続2着と安定した走りを見せた。

3歳となった2012年2月の共同通信杯を快勝し、重賞初制覇。これにより、クラシックレースの有力候補となる。だが、じつはこのころから、調教師や担当厩務員《きゆうむいん》に噛みつく、他馬を見たら威嚇する、一度暴れ出したら誰も止められないなどの行動を調教中などに見せるようになっていたという。

ただ、レースではそんな素振り《そぶ》りを少しも見せず、同年4月の皐月賞では荒れた内側を各馬が嫌がるなか、騎手の指示に従順に従って1頭だけ敢然《かんぜん》とインを突くと、ショートカットするような走りで勝利。ダービーは5着となるが、秋には菊花賞を制してクラシック二冠馬となった。さらに、年末の有馬記念も歴

戦の古馬を寄せつけない強い勝ち方で制し、GⅠ3勝目を挙げた。

普段の気難しさは相変わらずだったが、レースに出れば、つねに安定した強さを発揮していたこの時期のゴールドシップは、ファンやマスコミから「不沈艦」と呼ばれるようになっていた。いわば、家庭内では問題があるが、外では素直で真面目な優等生と思われていたようなものだ。

翌2013年の初戦となった阪神大賞典でも、圧倒的な1番人気に応《こた》えて勝利。まだ、ゴールドシップは「不沈艦」だった。しかし、次走の天皇賞（春）ではなぜか前に進みたがらず、5着と敗れてしまう。少しずつ、レース本番でも気難しさを表すようになってきたのだ。それでも、次の宝塚記念では直線鋭く伸びて、GⅠ4勝目とした。ところが秋になると、直線でぱったり走る気をなくしたような不可解なレースぶりで3連敗。そして、翌年から、ゴールドシップは、いよいよ制御不能の本性をファンの前にも露《あら》わにする。

◆勝つも負けるもゴールドシップの気分次第

ゴールドシップの制御不能ぶりを端的に示したレースといえば、2014年の天皇賞（春）だろう。このレースでゴールドシップはスタート前、ゲートのなかで突然立ち上がったかと思うと、いきなり、肉食獣のような唸《うな》り声をあげながら怒り出したのだ。その結果、大きく出遅れ、7着に敗れてしまう。

もうひとつ制御不能ぶりの例を挙げれば、2015年の宝塚記念もすさまじかった。ファン投票1位で出走してきたゴールドシップは、ゲートに入ると、立ち上がって隣のゲートの馬を威嚇したのである。さらに、スタートの瞬間にも立ち上がってしまったことで大きく出遅れ、15着に大敗してしまう。

だが、いつもこうだったわけではない。2014年の宝塚記念や2015年の天皇賞（春）では気持ちよさそうに走り、強い勝ち方をしている。つまり、勝つも負けるもゴールドシップの気分次第となっていたのだ。

競馬界の隠語《いんご》で、なにを考えているかわからない馬のことを「おてんてん」という。ゴールドシップは、その代表的な馬だった。「おてんてん」の馬は頭が良すぎるか、その反対のどちらかといわれるが、ゴールドシップは前者だったようだ。そんな「おてんてん」ぶりに関係者もファンも振り回され続けたが、それゆえに愛され、GⅠ6勝の実績を残してターフを去っていった。

ゴールドシップ　トータル成績 28戦13勝(13-3-2-10)

日付	開催	レース	芝/ダ	距離	人気・着順	騎手
11/7/9	函館	サラ系2歳新馬	芝	1800	2人1着	秋山
11/9/10	札幌	コスモス賞(オープン)	芝	1800	1人1着	秋山
11/10/1	札幌	GⅢ札幌2歳S	芝	1800	2人2着	安藤
11/12/24	阪神	GⅢR-NIKKEI杯2歳S	芝	2000	3人2着	安藤
12/2/12	東京	GⅢ共同通信杯	芝	1800	2人1着	内田
12/4/15	中山	GⅠ皐月賞	芝	2000	4人1着	内田
12/5/27	東京	GⅠ日本ダービー	芝	2400	2人5着	内田
12/9/23	阪神	GⅡ神戸新聞杯	芝	2400	1人1着	内田
12/10/21	京都	GⅠ菊花賞	芝	3000	1人1着	内田
12/12/23	中山	GⅠ有馬記念	芝	2500	1人1着	内田
13/3/17	阪神	GⅡ阪神大賞典	芝	3000	1人1着	内田
13/4/28	京都	GⅠ天皇賞(春)	芝	3200	1人5着	内田
13/6/23	阪神	GⅠ宝塚記念	芝	2200	2人1着	内田
13/10/6	京都	GⅡ京都大賞典	芝	2400	1人5着	内田
13/11/24	東京	GⅠジャパンC	芝	2400	2人15着	内田
13/12/22	中山	GⅠ有馬記念	芝	2500	2人3着	R.ムーア
14/3/23	阪神	GⅡ阪神大賞典	芝	3000	1人1着	岩田
14/5/4	京都	GⅠ天皇賞(春)	芝	3200	2人7着	C.ウィリアムズ
14/6/29	阪神	GⅠ宝塚記念	芝	2200	1人1着	横山
14/8/24	札幌	GⅡ札幌記念	芝	2000	1人2着	横山
14/10/5	仏・ロンシャン	GⅠ凱旋門賞	芝	2400	7人14着	横山
14/12/28	中山	GⅠ有馬記念	芝	2500	1人3着	岩田
15/1/25	中山	GⅡAJCC	芝	2200	1人7着	岩田
15/3/22	阪神	GⅡ阪神大賞典	芝	3000	1人1着	岩田
15/5/3	京都	GⅠ天皇賞(春)	芝	3200	2人1着	横山
15/6/28	阪神	GⅠ宝塚記念	芝	2200	1人15着	横山
15/11/29	東京	GⅠジャパンC	芝	2400	2人10着	横山
15/12/27	中山	GⅠ有馬記念	芝	2500	1人8着	内田

ゴールドシップ

いつの日か伝説となり、神話となる平成を駆け抜けた名馬たち◉おわりに

「オグリキャップの感動のラストランが――」

「ナイスネイチャの有馬記念3年連続3着って――」

「メジロマックイーンはイクノディクタスが好きだったんだって――」

近年、そんな競馬の話題をネット上で目にしたり、リアルで耳にしたりすることが増えています。しかも、10代、20代といった若い人たちも話題にしており、私の友人の小学生の娘さんなども「ゴルシー♡」などと叫んでいます。

それらの話題に出てくる馬の名前は、平成時代に活躍した名馬たちが大半です。当然、10代、20代の方はその馬たちのレースを見たことはないでしょう。もしかしたら、実際の競馬自体、見たことのない人もいるかもしれません。それなのに熱心に語られているのは、いまさら言うまでもないことですが、平成の名馬たちをモデルにしたゲーム・アニメが大ヒットしているためです。

本書は、そんな若い世代の人や、競馬初心者なども念頭に置きながら、平成の名馬たちの物語を記したものです。もちろん、長年の競馬ファンやマニアの

方にも、古い競馬仲間と思い出話をするような気分で楽しんでいただければうれしく思います。

競馬は専門用語が多く、正直、初めての人にはとっつきにくいところもあります。この本では初心者の方でも読みやすくするため、できるだけ専門用語は使わないように意識しましたが、限られた文字数ですと、どうしてもそれらの用語を使わないと説明できない部分もありました。もし、わからない言葉が出てきたら、拙著『競馬語辞典』(誠文堂新光社)もお読みいただければ幸いです。あるいは、身近に競馬ファンがいれば、そういう人に聞けば、いくらでも喜んで教えてくれるはずです。聞いていないことまで教えてくれるでしょう。

——それにしても、古いものでは30年以上も前に走っていた馬が、いまも時代や世代を超えて人々の心を捉《とら》えるというのは、よく考えると不思議なことです。ゲームやアニメの影響はありますが、それを抜きにしても、これはほかのスポーツとは違う競馬独特の文化かもしれません。

たとえば、10代、20代の野球ファンが平成初期に活躍した斎藤、桑田、槙原《まきはら》について熱く語るということはないでしょうし、いまの若いボクシングファンが勇利《ゆうり》アルバチャコフや坂本博之《さかもとひろゆき》について熱く語るのも想像がつきにくいものです。しかし、競馬は同時代性がすべてではありません。

私自身、リアルタイムで見た馬ではメジロマックイーン、トウカイテイオー、オルフェーヴルが好きなベスト3ですが、オールタイムで選ぶなら、ベストホースは私が生まれる前に走っていたタケシバオーになります。人によっては20世紀初頭のアイルランドの名馬ザテトラークが一番好きとか、はたまた18世紀イギリスの名馬エクリプスが最高という人がいてもおかしくありません。

どうしてこんなことが起きるかというと、ひとつは、競馬はブラッド・スポーツ（血のスポーツ）と言われるように、血統というものがとても大切にされているためです。競馬では、強い馬と強い馬を掛《か》け合わせることで、よりすぐれた馬を作り出そうと数百年間にわたって血の改良が進められてきました。そのため、血統表にはきら星のごとく過去の名馬たちの名前が並んでおり、自然と古い時代の名馬たちのことを意識するようになります。

もうひとつ理由を挙げれば、人間にとって「馬」というのが極めてシンボリックな存在だからかもしれません。馬は、ときに移動の手段として、ときに労働力として、さらに良いことではありませんが、ときに兵器として人間に欠かせないものでした。それと同時に、馬の力強さや美しさは、それだけで人を感動させるものです。それらのことが合わさって、馬はただの動物であることを超えて、特別にシンボリックな存在となったものと考えられます。

歴史上、呂布《りょふ》の愛馬であった赤兎馬《せきとば》やアレクサンドロス3世（アレキサンダー大王）の愛馬ブケパロス、坂上田村麻呂《さかのうえのたむらまろ》の愛馬だった阿久利黒《あくりぐろ》など、さまざまな馬の名前が千年以上の時を超えて伝えられています。このように固有名詞が残るというのは、ほかの動物ではあまり例のないことです。

また、馬のいる文化圏で誕生した神話の多くでは、馬がとても重要な役割を担《にな》っています。たとえば、ギリシャ神話における怪物メドゥーサの死体から生まれた天馬ペーガソス（ペガサス）、北欧神話の主神オーディンの愛馬である8本脚のスレイプニルなどは有名です。

象徴（シンボル）だからこそ、時代や世代を超えて名前が残り、伝説や神話となり、語り継がれ続けるのです。この本で紹介した平成の名馬たちも、きっと何百年、何千年と語り継がれていくことでしょう。

●馬名さくいん

◉下記の文献等を参考にさせていただきました――
【書籍】
『競馬語辞典』奈落一騎著、細江純子監修(誠文堂新光社)
『競馬の世界史』本村凌二(中公新書)
『大川慶次郎回想録』大川慶次郎(角川文庫)
『馬敗れて草原あり』寺山修司(角川文庫)
『競馬への望郷』寺山修司(角川文庫)
『競走馬の科学』JRA競走馬総合研究所編(講談社)
『サラブレッドの科学』日本中央競馬会競走馬総合研究所編(講談社)
『サラブレッド! サラブレッド!?』日本中央競馬会競走馬総合研究所編(緑書房)
『三冠へ向かって視界よし』杉本清(日本文芸社)
『最強の競馬論』森秀行(講談社現代新書)
『スペシャルウィークのつくり方』別冊宝島編集部編(宝島社新書)
『挑戦! 競馬革命』角居勝彦(宝島社新書)
『競馬名馬読本』(宝島社)
『競馬名馬読本２』(宝島社)
『競馬名馬読本３』(宝島社)
『競馬コーフン読本』(JICC出版局)
『星になった名馬たち』(オークラ出版)
『アイドルホース列伝1970-2021』小川隆行編著(星海社新書)
『Sports Graphic Number PLUS October 1999 競馬 黄金の蹄跡。』(文藝春秋)
【雑誌】
『週刊Gallop』(産経新聞社)/『週刊競馬ブック』(株式会社ケイバブック)/月刊『優駿』(中央競馬ピーアール・センター)/『Sports Graphic Number』(文藝春秋)
【web】
netkeiba.com / JBISサーチ/競馬最強の法則WEB
その他、多くの競馬、スポーツ関連webサイトを参考にさせていただきました。

KAWADE
夢文庫

スーパー名馬伝説

二〇二二年一二月三〇日　初版発行

著　者……………奈落一騎
企画・編集………夢の設計社
東京都新宿区山吹町二六二〒162-0801
☎〇三―三二六七―七八五一（編集）
発行者……………小野寺優
発行所……………河出書房新社
東京都渋谷区千駄ヶ谷二―三二―二〒151-0051
☎〇三―三四〇四―一二〇一（営業）
https://www.kawade.co.jp/
装　幀……………こやまたかこ
印刷・製本………中央精版印刷株式会社
ＤＴＰ……………アルファヴィル

Printed in Japan ISBN978-4-309-48578-2